運動施設人材育成の教科書

三浦栄紀 著

セルバ出版

はじめに

本書を手にとっていただき、ありがとうございます。

大手フィットネスクラブで「フィットネス業界の笑いの女王」と呼ばれたわたしは、結婚をし、子育てをしながら、右腕である女性と2人でフィットネスクラブのコンサルティングなどに取り組んできました。

おかげさまで、業績が悪化しているフィットネスクラブを立て直し、とても多くの方々から高い評価をいただけるようになっています。

わたしたちが当たり前のように行ってきたフィットネスクラブ立て直しの方策を、ビジネスで知り合った方々に伝えたところ、

「それは全然当たり前ではないよ！」

と言われ、衝撃を受けたのです。

「それならば、いま取り組んでいるフィットネスクラブ立て直しのメソッドを、経営で困っている数多くの経営者にお伝えしたい」

と思うようになりました。

これが、本書を出版しようと思った最大のきっかけです。

コロナで、多くのフィットネスクラブが大きなダメージを受けました。そのため現在では、大手と中小零細との二極化が進み、閉鎖に追い込まれてしまった施設も少なくありません。

でも、中小だからこそできることはたくさんあります。

フィットネスクラブの命は、人の育成であり、お客様目線での施設運営です。

とくに部下やスタッフの育成に頭を悩ませているフィットネスクラブ経営者は、とても多いのではないでしょうか。

取り組み方をいままでと少し変えるだけで、お客様が集まり離脱しない施設をつくることができるはず。

ぜひ本書のメソッドを取り入れて、お客様が喜び、経営も安定するフィットネスクラブが増えていくことを心から願っています。

実は、ほかにもわたしが本書を届けたい方々がいます。

それは、フィットネス業界に限らずビジネスに情熱を燃やす、社会で活躍する女性たちです。

フィットネス業界はまだまだ男性社会です。

ところが、そのようななか、以前わたしが勤めていたときに大変お世話になった女性の上司が、なんと大手フィットネスクラブの副社長に就任したことをニュースで知ったのです。

わたしは当時から、

「いつか社長になられる人だ」

と思っていたので、

「ついにここまで来られたか…」

と感慨深いものがあったと同時に、大きな勇気をいただきました。

わたしたちトップ2人が女性であり、コンサルティングで企業訪問したときには、少々冷たい対応をされたことも…。

でも、結果を残すにつれて、だんだんとではありますが、風向きが変わったように感じられるのです。

これから、女性がもっと活躍する時代は必ず来るでしょう。

そのときに必要となるのは、正確な仕事を提供し、

「言いたいことは言い、できないことはできない」

と答える姿勢を貫くことで、信頼を高めていくことではないでしょうか。

中小零細企業であっても、当たり前のことを当たり前にがんばれば、生き残るだけでな

く、右肩上がりに成長できるはず。
本書が、世の中でがんばる女性ビジネスマンの大きな勇気になることも、願ってやみません。

2023年8月

三浦　栄紀

運動施設　人材育成の教科書　目次

はじめに

第1章　こんな施設は生き残れない！　NG事例と対処法

1　経営者の「想い」が伝わっているか？　14

2　施設のコンセプトが合っているか？　15

3　お客様への要望にすぐ応えていますか？　19

4　運営母体の社長と右腕が首を縦に振らなければ、物事は進まない　23

第2章　施設は「人」が命！　最強スタッフの採用法

1　採用するなら、笑顔が自然に出る人　26

2　想いに共感してくれる人たちを採用する　28

3　未経験者のほうが素直で、経験者よりも伸びることがある　29
4　経験者の採用には注意が必要　31
5　前の職場のことは、しっかりと聞いたほうがいい　32
6　「お金が最優先」の人も、採用はおすすめできない　34
7　採用面接は、採用する、しないにかかわらず、いい雰囲気で行う　35

第3章　やめない！　戦力になる！　施設の人材育成術

1　育てるには時間が必要　38
2　素直になれない人への対応　40
3　体験をさせる、もしくは体験型の研修を受けさせる　41
4　自分をさらけ出すことで、協力者が生まれる　43
5　「がんばりを見てくれている」という喜びが、成長につながる　46
6　「他者評価＝お客様の評価」ということを知ってもらう　47
7　アルバイトの面談用紙は、随時変更するのがおすすめ　49
8　「理想の施設像」を共有する　50

9 スタッフ間の関係性を改善するときは、常に中立で 52
10 いまの若い人たちの特徴を知る 54
11 必要な社会常識は、知らなければ教えてあげる 57
12 年齢のギャップを埋めよう 59
13 感情で接しない 62
14 役割を与えて、若手スタッフを成長させる 63
15 ときには嫌われることも必要 71
16 部下をつけることで社員は伸びる 74
17 「リーダー」としてふさわしくない人 76
18 組織の体系よりも、情報の共有のほうが大切 79
19 社員の自己啓発 80
20 目標は具体的に、行動レベルで 83
21 人の育成は「我慢」を第一に、「知らなくて当然」と思って接する 84
22 社員は「責任」を持つ立場であることを伝える 86
23 ときには社長が現場を直接見に行くことも大切 88
24 話を聞くときの姿勢も大切 91

25 お客様からのご意見に対する対応は、しっかりと教える 92

第4章 生き残るための、「顧客目線」の施設づくり

1 立て直しは、まず「水まわり」から 96
2 リニューアルにともなうお客様のご意見は、1カ月と割り切る 96
3 汚れている、もしくは手入れが行き届いていない環境に慣れてはいけない 99
4 依頼主やお客様に対しても、しっかりと「さらけ出す」こと 101
5 ご意見への対処 103
6 高齢の方々がやめないしくみづくり 105
7 改革のマイルストーン 107
8 ほかのクラブから移ってくる人への対応 116
9 お客様がケガをしたときの対応 117
10 人にまつわるご意見や会費の未払い 120
11 スタッフの変化を感じるとき 124

12　明るい雰囲気が大事　125

第5章　驚くほど伸びる、正社員・アルバイト別評価法

1　社員、アルバイトの成長をもたらす4つのシート　128
2　アルバイトの面談の流れ（事前準備、面談シートへの記入）　133
3　社員の面談や査定の流れ　136
4　現在の目標管理シートになった経緯　140
5　面談は複数人体制で行う　143
6　会社のためになる活動は、もっとアピールしてもいい　144

第6章　コロナ期でも8割継続！　鉄板顧客フォロー術

1　コロナ時期の取り組み　148
2　動画配信について　153
3　緊急時の対応について　155

4　SNSによる情報発信について　156
5　これからのフィットネスクラブ　160
おわりに

第1章　こんな施設は生き残れない！　NG事例と対処法

1　経営者の「想い」が伝わっているか？

言葉を具現化することが大切

本章は、運営がうまくいかないフィットネスクラブの原因や、その対処法について、お伝えします。

まず、うまくいっていない施設の特徴として、経営陣が考えていることと、スタッフの想いや考えが違っていて、ちぐはぐな動き方になっていることがあげられます。

それは、うまくいっているときでも起こることであり、その状態を放置していると、あるとき歯車が狂ってうまく回らなくなった場合、取り返しのつかないことになります。

対策としては、定期的に外部講師をお呼びして研修を行い、言葉を具現化する練習をすることがあげられます。

これはわたしの意見ですが、フィットネスクラブで働く人たちは、現場主義が基本であり、また忙しいために、現場で起きたことを経験として覚える形になってしまうのがほとんどなので、自分の考えを言葉にすることが苦手な人が多く、また伝える機会も少ないように感じます。

わたしたちの施設は、実際に研修講師を招いて講習を行ったところ、経営陣の考えていること、スタッフの想いがともに具現化でき、お互いの関係性がかなり向上しました。日々忙しいとは思いますが、定期的に時間をつくり、このような機会を設けることが大切と言えます。

考えや想いを具現化すること、つまり言葉にさせることは、とても大事なことなのです。

2　施設のコンセプトが合っているか？

コンセプトが地域と合っていないと会員は増えない

運営がうまくいかない施設は、原因を見ていくと、「当たり前のことが当たり前にできていなかった」というケースがほとんどです。

もっとも、「当たり前」はわたしたちの感覚なので、具体的にいくつかお話ししましょう。

わたしたちが立て直しに成功したある施設は、地域的に年配の方々が多いため、本来は明るくて、笑顔があふれているほうが入りやすいはずです。

ところが、わたしたちが入る以前は、ブラックライトを使用して部屋全体が真っ暗だったのです。

夜のお店のような雰囲気のなか、大音響の音楽とともに大声を発しながらトレーニングするようなフィットネスジムでした。トレーナーも、筋骨隆々の人ばかり。どちらかと言えば、20代くらいの若い人たちをターゲットにしたコンヤプトだったのかもしれません。

ほかの施設に併設されたジムだったので、来るのはそんな人たちではありません。でも実際は、施設を利用されているお客様の年齢は高く、施設の雰囲気と利用されているお客様の層が合っていないように感じました。

案の定会員数は少なくて採算が取れておらず、経営がほぼうまくいっていませんでした。コンセプト自体が違っていたのです。

積極的にトレーニングをしたい人にはいいのかもしれませんが、設施を利用したい高齢者や、少しだけ運動をしたいと思っている人たちには合いません。

地域や施設の客層を考えて、コンセプトを誤らないようにしなければなりません。

スタッフとお客様の距離感は一定か？

ブラックライトのフィットネスジムで改革したのは、照明だけではありませんでした。スタッフの服装と、スタジオプログラムについても、一新したのです。

スタッフの振る舞いが自由で、お客様との距離感が一定ではなかったのですが、それはスタッフが好きなウェアを着ているために、お客様とスタッフの区別がつきにくかったからなのかもしれません。

そこで、ユニフォームをつくったことにより、お客様とスタッフの距離感が改善しました。

お客様との距離が近いのはいいことですが、一定の区分けは必要でしょう。

スタジオのプログラムメニューのバランスを考える

スタジオプログラムについては、提供するコンテンツを大幅に改善しました。

改革をする前は、正直に言うと、指導力がまったく至っていなかったのです。視察をしたときに感じたのは、安全に運動の効果を引き出す内容ではなかったこと。

スタジオのキャパシティに対して本数がまったく足りていなかったので、ここを充実させればもっとお客様が来られるだろうという見込みを立てました。

そもそも、15分や20分のレッスンが１日に２本程度しかなく、広いスタジオをパーソナル指導で使われることもあり、フィットネスクラブのスタジオとしての使われ方とは言えない状況でした。

そこでまず取り組んだのは、プログラムを増やしてマイナススタートのところをゼロに戻すこと。そのうえで、ゼロから集客を上げていくのにはどうしたらいいかと考えたのです。黙々とマシンでトレーニングができる人ばかりではなく、音楽に合わせてみんなで協調し、身体を楽しく動かしたいと思っている人は多いのです。

結果的に、それを求めている人がたくさん集まりました。

また、集客目標を男性から女性へ、強度が高いものから容易で入りやすいものへ、全体のバランスを見ながら変化させました。どのフィットネスクラブでも人気のヨガを流行りのダンスプログラムを導入したりすることで、新しい客層へと変化させていったのです。

すると お客様から、「そんなプログラムはいらない」というご意見がたくさん来ました。でも、ヨガを受ける人が増えたとたん、文句を言う人はいなくなりました。

ブラックライトから照明を明るくしたときと同じように、変化に対して抵抗を持つ人はいらっしゃいます。でも、変化に適応していただくには時間が必要で、実際に変更してからの3カ月はたくさんのご意見をいただきました。それに対しては、お1人ずつ丁寧に対応し、その結果半年後には、スタジオプログラムへのご意見がなくなりました。

プログラム自体を増やしたこと、ハードルの低い初心者向けのエクササイズを増やしたことも、成功した要因と言えます。

3　お客様への要望にすぐ応えていますか？

お客様をないがしろにしては、うまくいかない

お客様からのお問い合わせなどに対してすぐにレスポンスすることは、フィットネスクラブに限らず、ビジネスをするうえでとても大切なことです。

わたしたちもさまざまな施設を見てきましたが、お客様のご要望にすぐ回答しないところは、うまくいっていません。

なぜなら、お客様の期待を裏切ることになり、それがお客様の不満につながるからです。

たとえば、２週間も３週間も同じマシンが故障していた場合、お客様は、すぐには直らないまでも、いまはどんな状態で、これからどうなるのか、ということを伝えてほしいと思っているはずです。

「故障中」という紙を貼っていれば伝わりますよね。忙しいのはわかりますが、そんな細かいところにも、気が回らなければなりません。

トイレのスリッパの底がめくれていて、「履きにくいから、新しいスリッパを置いてもらえませんか」と言われたら、すぐ新しいものを出せばそれで終わるのですが、在庫がな

い場合や忙しさで忘れてしまった場合、放ったらかしになるケースも見られます。

危機意識の足りなさが、対応を遅らせる

危機管理能力が不足している会社ほど、動きが遅いものです。その理由は、お客様からスタッフ、スタッフからマネージャー、マネージャーから支配人に伝わって、承認されて、ようやく動き始めるからです。

お客様から、「ロッカーのフックが、1つありませんよ」と言われても、数百個あるうちの1つなので、みんな「まだいいだろう。10個足りないと言われたら頼もう」と思っています。

管理が行き届いていない組織ほど、このようなことが起こりやすいと言えます。

ロッカーにきちんとフックがあり、ハンガーがかかっていることは、普通のことなのに、それを怠っているのはいただけません。

お客様が離れていくという「危機意識」が足りないときに、このようなことが起こります。

お客様の立場に立てば、故障したマシンを放置して、いつ直るのかもわからない状態では、不満が募ってしまうでしょう。

たとえば、「来週から再開します」と書いてあるだけで、お客様は「やってくれているんだ」

と期待してくださいます。

毎日同じように、なんとなく見ているだけなら、感覚が麻痺してしまうもの。

これは会社の体質につながります。上の人間が管理できていないと、放ったらかしの状態が起きてしまうのです。

上が気づかなければ、下の人間も絶対に気づきません。

その場ですぐに対応することが大切

わたしたちは、気づいたらすぐに、

「これを、いつまでに対応しよう」と決めて、動くようにしています。そのほうが、仕事が早く進むからです。

「今度、電話します」という状態で置いておくと、いつ行動するかわかりません。

「これ電話したの？」と聞いたときにまだ行動していないようでは、どんどん仕事が遅れてしまいます。

このようにしているのは、わたしが以前所属していた会社での経験があったからです。

わたしがイベントの企画を立てているとき、当時の上司から「何を迷っているの？」と聞かれ、「ここが決まらなくて、迷っているんです」と伝えたところ、

「この人に電話で聞いたらいいじゃない！」と、すぐに電話をしてくださいました。3日間悩んでいたことが解消し、すべてが決まるまで、たったの30秒でした。

そのときに「できることは、すぐにやらなければいけない…」と思い知ったのです。

「すぐにできることは、その場でメールやLINEをする。急ぎのときは、絶対に電話」。そのような癖をつけておかないと、いつの間にか後回しになり、忘れてしまいます。それでは、仕事は前に進みません。

このことは、スタッフにはいつも伝えています。

「いつまでにできるの？」と聞いたときに、日にちだけではなく、時間を提示してもらいます。

たとえば「明日までに」となれば、明日の23時59分までと設定します。

そうすることで、時間を意識してスピーディーに仕事を進められるようになるからです。

わたしは、現在役立っている自分の経験は、まずは「わたしがやっているようにやってね」とスタッフに伝え、わたし自身が率先して行動します。

こういったことの積み重ねが、お客様や企業様からの信頼につながります。

トラブルがあったときこそ、すぐに対応する。このことを肝に銘じておきましょう。

4　運営母体の社長と右腕が首を縦に振らなければ、物事は進まない

決定権のある人がＯＫしなければ、前に進めない

依頼主となる施設の運営母体の社長が、ワンマン経営である場合、話が前に進みにくいケースがあります。

そんな場合は、みんな社長の言うことを聞かざるを得ないので、社長が変わらなければ社内の雰囲気は変わっていかないものです。ですから、立て直しの際には社長を説得し、譲歩していただくしかありません。

お仕事を受ける前に限らず、受けたあとでも、一度雰囲気を見て、必要があると思えばそのような話をするようにしています。

具体的には、ハード面での予算や、ソフト面で改善の必要性がある点について、社長とお話をするのです。

社長にご了承いただけて、それで進められるなら、とくに問題はありません。意外に多いのは、社長が自分の「右腕」に丸投げしているケースです。その場合は、右腕がＯＫを出さなければ、話が進まないこともあります。

その右腕が社内の雰囲気をつくっているときは、保守的な人ですとなかなかいいお返事をもらえません。

社長にしても右腕にしても、もちろん信用と信頼をしていただけなければ、こちらの提案に対するＯＫは出していただけません。

初対面の人間に対して、簡単に信頼はしてくださらないので、先方の要望をできるだけ聞き、「こんな情報がほしい、こんなことを調べてほしい」というご要望にはすべてお答えしています。

そこまでしても、なかなかいいお返事をいただけないときは、お断りすることもありますが、ほとんどの企業が納得してくださいます。

皆さん、損をしたくないと思っていますし、わらにもすがる思いで相談してくださっていますので、真摯にお答えしたうえで、「できること・できないこと」をお伝えします。

ご納得いただければ全力を尽くし、そうでなければ諦めるしかありません。

今回手がけた施設は、コンセプトを黒から白、つまり暗いところから明るくリニューアルし、わたしたちの計画した内容をご承認いただいた段階となったとき、理想的な施設運営ができるという自信につながりました。

やはり、決定権がある人のご承認を取りつけることが、１つのハードルということです。

第2章　施設は「人」が命！最強スタッフの採用法

1　採用するなら、笑顔が自然に出る人

笑顔が自然に出るのは、接客業には必須

本章では、施設運営を担うスタッフの採用で押さえておくべきことを、お話しします。フィットネスクラブも接客業なので、採用するときの基準はとても大切ですね。基準をしっかりと持たなければ、必要な人材を選別することはできません。

わたしたちが採用しないようにしている基準は、２つあります。

１つは、目を見て話ができない人。

説明をしているときや話を聞いているとき、こちらはかならず相手の目を見るようにしています。

でも、目を逸らして回答したり、うわの空で目を合わせようとしなかったりする人は、採用しません。

そして２つ目が、笑えない人です。

「笑ってみて！」

と言ってからでなければ笑えない人は、基本的にその時点で採用を見送ります。

少しおもしろいことを言ったときにニコッと笑える人は、その笑顔で採用する場合もあります。

仕事で多少ミスをしても、

「すみません！」

と笑って言えれば許されることもあるのです。

仕事は覚えていけばいいのですが、「笑顔をつくれる・つくれない」は、これまで育ってきた環境も大きいのでしょう。変えるのは少し難しいのではないでしょうか。

笑顔を自然につくれない人は、どうしてもお客様へいい印象を与えられません。

ですから、人が足りないときに「人数を集めればいい」と思って誰彼構わずに採用するのは、絶対に避けなければいけません。

採用したものの、いざ研修をしてみたら期待はずれだった、というケースは非常に多いからです。

たとえば、お客様に挨拶しない、社員がいなかったらサボる、といったことは、採用したあとにわかるケースがあります。

素直で、自然にニコッと笑える人であればお客様の評判もよく、経験がなくても仕事を覚えれば、戦力になっていくでしょう。

2　想いに共感してくれる人たちを採用する

誰彼構わず採用をすると、育成に苦労する

採用したものの、

「思っていた仕事と違う」

ということで人がやめてしまうのは、1つの悩みのタネかもしれません。

でも、わたしたちはそれを仕方のないもの、必要なものと考えています。

わたしたちの場合、よく、「社員が自らの想いをきちんとアルバイトに伝えているか」という話になるのですが、面談のときにある社員が想いを伝えたところ、

「そんなことを求められても、わたしにはムリです…」

と言ってやめてしまったアルバイトがいました。

でも、わたしはそれでいいと思っています。

社員には普段から、「想いに共感してくれる人と一緒に働きたい」と伝えるように言っているので、それに賛同してくれない場合は仕方がないと考えています。

たしかにいまは、どこでも人手不足なので、誰彼構わずに採用したい、と思う気持ちも

わかります。

でも、誰でもいいとなると、結局は育てるのに苦労するだけです。

そういう人を無理に採用してもすぐにやめていくので、労力と時間がムダになってしまうでしょう。

ですから、想いに共感してくれて、教えがいがあり、楽しく働ける人たちに来てもらえるのが、採用するときには必要なのではないでしょうか。

3　未経験者のほうが素直で、経験者よりも伸びることがある

大切なのは、素直さ、誠実、努力

わたしがエアロビクスのインストラクター養成講座を20数年間やってきてわかったのは、未経験者でもがんばれば、経験者よりも早く伸びる場合があることです。

養成講座の生徒さんを見ると、経験者たちは、はじめてエアロビクスをする初心者と比べて、「自分たちのほうができる」と養成講座を最初は軽く考えているフシがあります。

そのような人たちは多少自信を持っているので、アドバイスに耳を傾けず、素直に言うことを聞かないために、結果的に伸びないことが多いのです。

一方で、未経験者たちは何もわからないので、伝えたことをスポンジのように吸収します。

そして、

「これだけ練習をしてきなさい」

と言うと、きちんと練習をして、次の講座に臨んできます。

最初はできない人たちも、4カ月もすると飛躍的に伸びて、一番上手になることもあります。

そんな経験から、わたしが講座などでいつも伝えるのは、「素直が一番大事」ということ。

やはり、素直さが一番です。

何でも素直に取り組むこと、言われたことを実行することができない人は、成長がとても遅い傾向があるのです。

伸びる人のポイントとして、

①素直に聞く人

②物事に対して誠実に対応する人

③自ら努力する人

の3つがあげられます。

1番は「素直さ」なのですが、わたしはこの3つすべてがいつも大切と考えています。素直に、誠実に、しっかりと自分ができる範囲の努力をすることの大切さは、いつも養成講座で伝えています。

わたしが人を育てるときも、まずはその人が素直かどうかを最初に見ているのです。

4　経験者の採用には注意が必要

自分たちのやり方を伝え、わかってくれる人を採用する

即戦力がほしいということで、経験者を優先して採用したいと考えるのは、当然です。ただ、経験者を採用するにあたっては、注意が必要な面もあります。

経験者に多いのが、最初は以前働いていたところのやり方を曲げず、自分のやり方を押しつけることです。

「前のところでは、こんなふうに教わってきました」と言って、お客様にまでそれを押しつける人もいます。

そのような人には、いまの施設のやり方をきちんと教えなければ、あとで大変なことになります。

経験者にはいいところがあるのですが、難しい面があるのです。

大切なのは、最初の段階で
「こちらのやり方はこうだから」

と伝えること。

ただ、面接のときはみんな採用してもらいたいので、もし伝えたとしても「はい、わかりました！」と言うのですが、おそらく忘れてしまうでしょう。

面接の段階で見抜くのはとても難しいのですが、しっかりと見極めたいですね。

5　前の職場のことは、しっかりと聞いたほうがいい

前の職場の悪口を言う人は、NG

経験者の採用で効果的なのは、前の職場をやめた理由を聞くことです。

どんな理由でやめたのかは、とても大事です。ここ何年は、コロナで仕事をやめざるを得なかったけれども、

「どうしてもこの仕事をしたい」

という人が多かったですね。

やめた理由で一番よくないのは、お客様とのトラブルや不祥事なのですが、自分から言う人はいないので、たとえば「そこで働きたかったのなら、どうしてやめたのですか？」というように、できるだけ詳しく、根掘り葉掘り聞くようにしましょう。なぜなら、多くの場合、話のなかに理由が見えてくるからです。

嘘をついているような人なら、人として信用できないので、採用はおすすめできません。

ほかには、

「前の職場は○○で、自分の想いとは違いました」

といった自己主張ばかりする人も、採用には慎重になるべきです。

いま働いているスタッフと合うか、お客様対応に向いているかを考えましょう。

そもそも、前の職場にいろいろと文句を言うのは、育ててもらった恩を感じていないということです。

さすがにわたしたちも、そこははっきりと指摘します。

悪口は本人のクセなので、どこへ行っても、誰と会っても言っている可能性があります。

「いずれわたしたちの悪口も言われてしまうのだろうな」と想像できるので、本人にとってマイナスでしかありませんね。

6 「お金が最優先」の人も、採用はおすすめできない

部活と学業、アルバイトのバランスがとれている人を採用しよう

アルバイト希望者の大半が学生で、彼らは1〜2年働いてやっと、フィットネスクラブのスタッフとして動けるようになります。でも、就職などで退社していきます。

アルバイトの目的は、遊ぶお金を稼ぎたい人がほとんどでしょう。ただ、「何がなんでも稼ぎたい」だけの人の採用は、おすすめできません。

わたしたちの場合、相手が学生なら、部活や学業とのバランスをどの程度の割合で考えているのかを聞いて、「お金が大事です」と言う人は、基本的に採用しないようにしています。

「お金が大事」

と言うと一生懸命に働きそうなので、採用したくなるかもしれません。

ただ、学生は勉強が大事です。

勉強→部活→アルバイトの順で考えている人のほうが、人としてバランスがとれているので、接客業に向いていると思うのです。

採用の面談では、希望者の言葉や態度には、本当に注意を払うべきですね。

7　採用面接は、採用する、しないにかかわらず、いい雰囲気で行う

採用しないときほど、印象よく振る舞おう

採用面接では、その人の本質を見抜く力が必要になります。

限られた時間内で面接者と話をして、人材の本質を見抜くことが、とても重要なことのです。

わたしたちの仕事は接客業なので、コミュニケーション力があるか、ないかなど、まずは面接者の話をしっかりと聞き出します。

いろいろな質問を投げかけて、できるだけ本質を引き出せるように、また緊張して表情が硬い場合は、できる限りおもしろいことを言って、自然体で、リラックスした状態で話ができるようにします。

基本的には、「採用する」スタンスで面接に臨むことをおすすめします。

なぜなら、本気で採用しようと思わなければ、なかなか応募者の本質を見抜けないからです。

希望時間や経歴など、さまざまなことを加味して、社内で採用するか、不採用にするかを決定します。

万が一ご縁がなかったときは、いただいた履歴者を返送します。

面接者が一生懸命こちらの質問に対して話そうとしてくれるとしたら、とても好印象です。

このような人を採用した場合、現場に出てお客様と接するなかで、お客様にもかならずその一生懸命さが伝わり、好印象を持っていただけるでしょう。

1つ、大切なポイントをお伝えします。

採用面接は、最初から最後までいい雰囲気で行うことです。

いい雰囲気で行うことによって、面接者が話しやすくなり、心をオープンにしてくれるでしょう。

オープンになると、本音で話してくれる方が多くなるので、いい人材を発掘しやすくなります。

第3章　やめない！　戦力になる！
施設の人材育成術

1　育てるには時間が必要

スタッフの育成は子育てのようなもの

本章では、採用した社員やアルバイトを戦力にするためのポイントについてお話しします。

わたしは体育会系の人間ですが、もともとスポーツの世界、とくにわたしたちの若い時代は、人がやっているのを見て後ろからついて来させる、という体育会系ならではの暗黙の了解がありました。

でもいまは時代が変わり、現在の若い子たちにはそんなやり方が通じないこともありますね。

いまは、言葉に落とし込んで、何回も辛抱強く伝えることが大切な時代になっていると言えます。

わたし自身、いまの若い人たちは、基本的にとても感性が豊かであると感じている一方で、同じことを何度か言わなければなかなか変わっていかない面もあるな、とも思っています。

もっとも、子どもを育てるときと一緒だと考えると、時代のせいではないのかもしれません。

人の育成に労力が必要なのは、いまも昔も変わらないような気もします。

子育てで考えると、なかには子どものお箸の持ち方が誤っているときに、ついつい大声で怒ってしまう親もいるかもしれません。

でも、しばらくすると子どもは怒られたことを忘れ、気がついたらまた誤ったお箸の持ち方をしてしまいます。そして、また親は注意をする。子育ては、その繰り返しと言えますね。

やはり、子育ては気を長く持って取り組まないといけません。なぜなら、育つまでには時間がかかるからです。

スタッフも同じこと。育つまでにはある程度の時間が必要であり、そこを焦ってしまうと、成長しにくくなってしまいます。

期待をかけすぎてしまうのも、お互いによくありません。

「これくらいのことはやってくれるかな」

と思っていたのに期待はずれだったら、指導する側も大変で、される側もつらくなってしまうでしょう。

大切なことなので繰り返しますが、育成には時間がかかると思って、辛抱強く取り組むのが正解です。

2　素直になれない人への対応

コミュニケーションをとってわかり合う努力を

経験者を採用したものの素直になれない人とわかったとき、たとえば伝えたことをそのままやらなかった場合、あなたならどうしますか？

わたしなら、

「なぜそれをしなかったの？」

とまずは尋ねて、その人がどう考えているのか、伝え方に問題はなかったのかを考えるようにしています。

そして、その人が的を射ないことを言っているのであれば、こちらの聞き方が悪いと考えて違う形で質問をし、対話を重ねます。

「どうしたらやってくれるかな？」

「やる気になれないかな？」

「やってもらわないとお客様に迷惑がかかるからね」などと、とにかく、たくさんコミュニケーションをとって、根気強くわかり合っていくことが大切です。

あとから入ったスタッフが伸びてくると、さすがに経験者である本人も焦ってくるので、最終的には成長する人も多いのですが、伸び方が遅いと言えます。

やはり、「素直さは結果としてあらわれる」。これは、どんな職種でも同じではないでしょうか。

3　体験をさせる、もしくは体験型の研修を受けさせる

擬似体験をさせるような研修は有効

守破離という言葉があるように、最初は人のマネをさせて、できなければアドバイスしつつ、自分で実際にやらせてみる。

そして、最終的には自分でできるようにする。

まずは自分で体験させることが、大切なのではないでしょうか。

実際にいろいろなことを体験できれば、それに越したことはありません。

ですから、「体験型」の研修を取り入れてみることも、1つの効果的な方法なのかもしれません。

最近スタッフ向けの研修をお願いした企業研修講師のたとえ話がとても上手だったので、研修を受けているスタッフは、まったく経験のないことでも体験しているような気になって聞いていました。

実際に体験していないことでも、擬似体験をすることで身につくこともあるのだなとわかり、

「そんな教え方もあるのか」

と、とても勉強になったのです。

ディズニーやUSJといった誰でも知っているようなことから、興味を示すたとえ話を持ってくるので、核心にどんどん迫っていけるのです。

そして、すこし講義をしたらすぐにまわりと話し合ってもらうなど、聞きっぱなしではなくアウトプットするので、気づきも深くなります。

いまの若い人たちに何かを教えようと思ったら、そんな方法のほうが興味を持ってもらえるのかもしれません。

以前、わたしたちが運営する施設で研修をしたときは、ただ難しいことを、単にテキス

トに沿って読んでいるだけでした。実際、あまり大きな効果は得られなかったと思っています。

そうではなく、若い人たちがもっと興味あるものを題材にして、わかりやすく、タイムリーにアウトプットすることで、気づきを得たうえで、マネジメントの想いなどを話していかなければ、なかなか響かないでしょう。

4　自分をさらけ出すことで、協力者が生まれる

変に壁をつくらず、正直な気持ちを伝えよう

これまで、いくつかの経営が苦しい店の立て直しをしてきましたが、取り組んできたことは、まず問題点を発見して修正をしていくという、「当たり前のことを当たり前に」行ったことです。

つまり、とくにこれと言って特別なことをしてきたわけではありません。

ポイントは、「できているか・いないか」。ただそれだけのことです。

具体的には、たとえば少しユニークなスタッフがいたら、時間をかけて歩み寄ったり、言い回しを変えるなどして対話します。

一度採用をしたら、とことん向き合っていくことです。

そこは時間をかけましょう。

わたしたちが施設を立て直す際に必ず行っているのは、3ヵ月くらいは休まず朝から晩まで施設にいて、どんな人が・どんなふうに働いているのかを見ること。

そして、1人当たり30分〜1時間ほど、警備の人や掃除の人も含めて、そこの施設に携わっているすべての皆さんと話をします。

そして、いま抱えている不満やこれまでの待遇について思うところを聴くのです。

そこで吸い上げたものを、ヒアリング直後に対応する場合もあれば、着任して3ヵ月後に着手することもあります。

わたし自身がその施設に取り入れたいことをすべて決めて、

「この○○は改善します。こんな話もあったけれど、○○は直していきたい。だから、こんなふうに協力してほしいのですが、どう思いますか？」

と、皆さんと一緒に考えながら改善していけるように対話します。

キーマンとなりそうな人には優先して話を聴き、最初は難しそうでも時間が経てばお話できそうな人には、時間の余裕をもって様子を見ながら
「やっと時間がとれましたね」

と言って話をはじめることもあります。

結局のところ、人を動かすためには、自分をさらけ出さないといけないのではないでしょうか。

わたしは、

「ここの店に来たばかりで、まだよくわからない。いまは○○という問題点があって、○○を直していかないといいお店にはならない。みんなと一緒にがんばっていきたいから、協力してほしい。具体的には、○○してほしいんだけど、どう？」

と正直に言っています。

変に壁をつくらず自分をさらけ出すことで、協力者があらわれてくるのです。

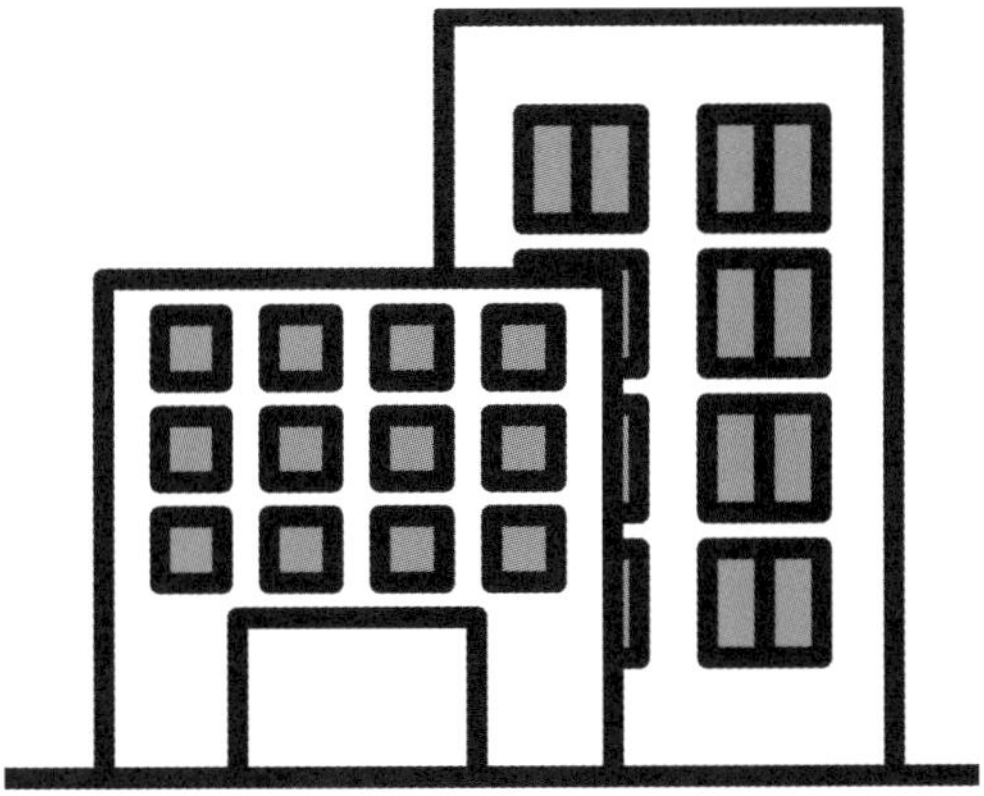

5 「がんばりを見てくれている」という喜びが、成長につながる

部下を思う気持ちは、かならず伝わる

施設を立て直すにあたってもっとも大切な時期は、最初の3カ月であり、この「3カ月」は、人材育成の面でも非常に大切です。

わたしたちは、社員もアルバイトも新しく入った人たちには最初の3カ月で初期面談を行い、そこでは話を聴き悩み事がないかを確認しています。

なぜ3カ月かと言うと、最初は仕事に慣れるのに1カ月ほどかかり、仕事の内容にもよりますが、3カ月もあればほとんどの人がアルバイトに慣れてくるからです。

その3カ月のタイミングで面談をすると、自分の評価の確認ができ、次に進むことができます。でも、社会経験の浅いアルバイトたちは、気持ちのコントロールができずに、いまやる気になっていても次の日には落ち込んでいるようなことがあります。

これは、若いときの自分がどうだったかを振り返ってのことです。

わたしがまだ業務経験の浅かったとき、「面談で何を言おうか…」とドキドキしていたのですが、面談では意外にも「よくがんばってくれた！」と上司から言われたときに、と

てもうれしかったのです。

そのことをいまでも忘れられません。自分の知らないところで評価していただいていたことを、とてもうれしく思いました。そして、「自分が部下を持つようになったら、絶対にやってみよう」と思い、それはいまも変わっていません。

「社員やアルバイトといった立場は関係なく、みんなに対してそんな形にしてあげたい」。そんな想いで接していれば、スタッフにも必ず届くでしょう。

6 「他者評価＝お客様の評価」ということを知ってもらう

「自分が認められている」と思わせることが、成長につながる

他人の評価と本人の評価が違っていることは、決して少なくありません。他人の評価を知ることで、本人の大きな気づきや成長につながることもあるのです。

人材育成において、わたしたちがいままで成果を上げているのが、面談です（面談の詳細については、第５章を参照ください）。

具体的に何をしているのかと言うと、１人ひとりのアルバイトに対して、面接官である社員全員に評価を事前に書いてもらいます。それぞれのアルバイトのいいところ、改善し

てほしいところを書いてもらい、それを一覧にしたうえで面談を行うのです。

そして、そこからわかるのは「他者評価」の大切さです。

あるアルバイトに「あなたは、まわりからどう思われている？」と聞いたところ、かなりネガティブな答えが返ってきたのでわたしは、

「そのネガティブなことについて改善しようとは思わないの？」

「自分ではネガティブとは思っていないんだ」

と話を続けていると、

「自分なんて、悪く思われているに違いない」

と、またネガティブな言葉を発するので、

「そんなことはないよ、あなたのいいところを教えようか？」

と、一覧表にある評価をすべて読み上げました。すると、その人の顔が「ハッ」と変わったのです。

「自分のことを、そんなふうに思ってくれているんですか？」

と、びっくりした表情で顔を上げました。

一生懸命仕事に取り組んでいても、わずらわしく思われてしまうこともあります。そのために、ネガティブになってしまうのかもしれません。でも、「自分が認められている」

と思えることは、その人にとって成長の材料になるはずです。

ここで伝えたいのは、「人からどう見られているか＝お客様からも同じように見られている」ということです。

ですので、面接する人と面接される人が直接気持ちを共有できるというのは、とても意義があることなのです。

7　アルバイトの面談用紙は、随時変更するのがおすすめ

毎回変えることで、新たな気づきから成長につながる

弊社で行っている３カ月に一度のアルバイトの面談では、こちらで用意した質問用紙に答えを書いてもらい、面談がスタートします。

質問の内容は、そのときによって変えています。なぜなら、いつも同じにすると成長を感じられないからです。

たとえば、３カ月の間にお客様からいただいたご意見などを基に、いろいろと質問の内容を変化させています。

とくに大きなトピックがなく、穏やかな時期であれば、覚えているお客様のお名前をあ

げてもらうこともありました。

お店に来たお客様のお名前は、常日頃お客様とコミュニケーションをとっている人であれば一気に書き上げるのですが、あまりお客様を見ていない人の場合、1〜2人くらいしか書けないこともあります。

また、キャンペーンのご案内や、入会の手続ができるかといった業務の質問をすることもあります。

まだ日が浅いアルバイトの人たちは、「そんな仕事もあるんですね」という気づきを得ているようです。

8 「理想の施設像」を共有する

理想の共有から、自分の役割を考えてもらう

社員やアルバイトの評価をしているととくに感じるのは、「施設の方向性」が一本化されているかということではないでしょうか。わたしも、社員やアルバイトの面談に入ることはありますが、給料の査定をするためには、

・どんなお店にしたいのか

・それぞれのスタッフは、そのなかでお客様とどんな関わりをするべきなのか

といったことが共有されている必要があります。

そこで、社員全員から、お店の理想像以外に、

「自分の役割は何なのか」

「どんなお客様に来てほしいのか」

「どんなスタッフを育てたいのか」

といった質問をしたことがあります。

この話し合いで出てきた内容を社員全員で共有し、採用で来てもらいたい人について話し合うようにしました。

また、お客様もいろいろなご意見をお持ちの方がいらっしゃるので、明らかにこちらが対応できない場合には、規約の説明をしっかりと行い、ルールを守っていただくことも大事、といった意思統一も行ったのです。

おもしろかったのは、「どんなお客様に来てほしいのか」という質問に対して、「元気で明るくて、やる気がある人」と書いてあったことです。

「やる気がある人は、健康で、いまの自分に満足しているから、あまりフィットネスクラブは来ないよ」

という話になりました。

目的として多いのは、運動したい、ストレス発散にといったことであり、それぞれ目的が違う人たちにどんな対応をすればいいのかを話し合う機会になったので、それも非常に有意義でした。

施設では毎日いろいろなことが起きるので、日々修正が必要です。「修正をかけながら施設を、人を育成していく」という気持ちで取り組んでいきましょう。

9 スタッフ間の関係性を改善するときは、常に中立で

一方の意見だけに流されない

どこの会社でも、どこの組織でも見られるのは、スタッフからの内部告発、言い換えれば「告げ口」です。フィットネスクラブも、決して例外ではありません。

たとえば、スタッフ同士で、

「あの人は嫌い」

というくらい仲が悪くて場合によっては、

「あの人、実はあんなことをしているんですよ」

などと、わざと陥れるようなことを言う人もいます。

もっとも避けたいのは、言われたことを鵜呑みにしてしまうこと。とくにいまの若い社員は、一方の意見に流されてしまいがちですが、それは誤った対応です。

まずは、「言ってきてくれて、ありがとう」と返答するところがスタートで、「本当にそんなことが起きたのか」、「どういう受け取り方をしたのか」という事実確認をしなければいけません。

もしかすると、「何かあったの？」と一方的に聞かれて、その場しのぎの答えを言っただけかもしれません。

また、もう一方に聞いたら、その内容が前もって聞いている内容とまったく違うこともあります。

認識のずれもあり得るので、「何が本当なのか」、よくわからなくなってしまうことも多いでしょう。

そんなときに必要なのは、自分のなかで答えを持っておくことです。答えを持っていなければ、その揉め事をどう判断してどう解決に導くか踏み込むことはできません。

絶対にダメなのは、どちらかの味方につくこと。

いつも、どんなときでも中立でいなければいけないのです。

相手にどう思われても、仕事のうえでは関係ありません。場合によっては、嫌われることも必要です。

スタッフ間の関係を改善したいときは、双方の話をしっかり聞いたうえで、常に中立でいることです。そうすることで双方の気持ちが理解でき、解決も早くなります。

働いてもらっている、働かせてもらっていると、お互いに謙虚な態度でいることが大事なことになります。

10　いまの若い人たちの特徴を知る

言われないと気づかず、自分が否定されるのを嫌がる人が多い

「いまの若い人は…」というセリフは、昔からある常套句ですね。

ただ、会員制事業の施設を運営するためには、若い人たちの特徴や対応を知っておく必要があります。

もちろん個人差はあるので、あくまでも「傾向」ととらえてください。また、「いい・悪い」という話でもありません。あくまでも、育成をするうえで意識しておかなければいけないこととして、お話ししています。

いまの若い人たちの特徴の1つは、「言われてから動く」こと。

以前はもっと後先考えず、

「やります！」

と、自分から率先して仕事を見つけようとする人が多かったような気がします。

ところが、いまの人たちは少し違うように感じます。

たとえば、プレゼンをしたり企画書を書いたりすることになったら、以前であれば自発的に本を読んだり調べたり、研修を受けに行ったりしていましたが、いまはＧｏｏｇｌｅ検索で調べられるので、そこで調べたことの裏取りまでしているのかな…と不安に思うこともあります。

検索の速さはすさまじく、とてもこちらが真似できるレベルではありません。

ただ、もう少し「報・連・相」をしてもらえれば、やり直しになるパターンも少なくなるはずです。

お願いしたことには取り組んでくれますが、「取り組むこと」を最終ゴールにせず、「もう少し中身にもこだわってくれたらな」とも感じます。

わたしたちの世代は、評価してもらうために、自分の想いを企画書などにどんどん書いたものでした。

「やり直し」

と言われても、精一杯がんばった記憶があります。

もしかするといまの人たちは、がんばることに対する恥ずかしさや、自分を否定されることへの怖さが強いのかもしれません。

「普通」であることに心地よさを感じ、飛び抜けることなく、

「まわりと同じように生きるほうがラク」

と考えている可能性もありますね。

SNSなどで、自分を悪く言われることを恐れる習慣が身についている可能性もあるような気がします。

せっかくのご縁で関わっているからには、わたしたちと一緒に働いたことを、社会人になったあとにも役立ててほしいと考えています。

学生時代のアルバイトは社会人になるための予備練習であり、人間関係の保ち方などを学べるよい機会なのではないでしょうか。

ただ単にお金を稼ぐだけではなく、社会に出たあとで、

「あそこで働いた経験が、役立っているな」

と思ってもらえたらいいな、という気持ちでわたしたちは関わっています。

11　必要な社会常識は、知らなければ教えてあげる

こちらの常識で考えず、ダメなものは「ダメ」とはっきり伝える

スタッフのなかには、社会経験が浅く、社会の常識がわからない人もいます。

勤務中、別のフロアーへ行く際に、休憩時間でもないのに喫煙をしたスタッフがいました。

その場合、どう考えますか？　休憩時間ではありませんから、普通は注意しなければいけないと考えるでしょう。

スタッフの喫煙を報告に来たのは、ベテランのスタッフでした。その話がアルバイトの間に広まって、みんなが「それはダメだ」ということになっていたのですが、わたしはみんなに問いかけました。

「最初の研修のときに、休憩時間ではないときに外へ行ってタバコを吸ってはいけないという話をした？」

そうです、社員の誰も話していなかったのです。

ですから、

「それは、教えてあげなければダメだよ。それがいけないことだと言わないこっちがダメだよね」と伝えました。

どうしても、社会常識がわからないままに、社会へ出ている人は少なくありません。それは、社員もアルバイトも同じこと。

別の仕事で持ち場を離れるのは休憩ではないから、それはダメだよと言えばいいだけの話ですから、「あの人は、ダメだ」などと言う必要はないでしょうと伝えたのです。

知っていてルールを破るのは絶対にダメですが、知らないのなら教えればいい話です。まわりが教えてあげたらいいのです。

おかあさんのように言わなければ、若い人たちは動かない

ほかにも、こんな話がありました。

スタッフのユニフォームを1枚しか持っていなかった人が、洗濯が間に合わないからとのことで、消臭スプレーを振りかけていたので、それをほかのスタッフが指摘すると、

「え？　何かいけないことをしましたか？」

と言っていたそうです。そもそも、洗濯をしていなかったらしいのです。

呆れながら報告するスタッフに、「1週間に一度はきちんと洗濯しなさいという話はし

てあった？」

と聞いたら、話していなかったとのこと。ですから、「言ってあげたら？」と伝えたのです。

「え？」と思うようなこともありますが、おかあさんのように言ってあげなければ、若いスタッフは気づいてくれないのかもしれません。

なぜなら、家ではすべて親がやってくれるからです。

とくに学生は自由に過ごしているので、自分で洗濯などしない人が多いでしょう。

急に社会のルールのなかへ入れられたら、適切な判断ができず、自分だけの枠のなかでやろうとします。

そんなときに頭ごなしに叱られたら、納得ができず、不満がたまるだけ。いまの若い人たちの場合は、いったん受け入れてあげないといけないのではないでしょうか。

12　年齢のギャップを埋めよう

年齢のギャップを埋めるには、コミュニケーションしかない

スタッフにはとても若い世代から、中堅やそれ以上の世代の人がいて、年代によって考え方にギャップがあると感じることが最近多くなってきました。

ここのギャップを埋めるのが大きな課題なのですが、結局のところ、コミュニケーションをとる以外に方法はないと考えています。

でも、ただ飲みに行こう、一緒にご飯を食べに行こうでは、人によっては暑苦しい、うるさい、細かいと思われて、それがイヤなら去っていくのかもしれません。

わたしは前にもお伝えした通り、若い世代には

「こんな人間だけれど、一緒に働いてくれないか？」

と自分をさらけ出すことを心がけています。

すると、わたしと仕事をすると楽しそう、と思った人は残ってくれます。

自分をさらけ出すことで、相手も自分をさらけ出してくれます。

年齢差を埋めることはできませんが、いろいろな話をすることで共通点を見つかり、歩み寄ることもできます。

これがコミュニケーションです。

実際、コミュニケーションのとり方が難しいと感じているスタッフは多いのです。

「一緒にご飯を食べに行けばいいのでしょうか」

「何か買ってモノをあげたらいいのでしょうか」

と考えているスタッフもいます。

でも、そうではありません。そこまで相手に気をつかう必要はなく、こちらがリードする立場にならなければいけません。自分をさらけ出せない人ほど、コミュニケーション能力が不足しているように見受けられます。

「さらけ出す」というのは、とても勇気がいることです。

さらけ出しなさい、自己開示しなさいと言っても、若い人たちはなかなか自分からは自己開示をすることはありません。

その場合、まずは、若い人たちがしたことに対して、どんなに小さなことでもいいからいいことを見つけて、褒めてあげることがおすすめです。そして、「自分にもこんな経験があるよ」と伝えてあげるのです。

でも、年齢にギャップがあると、なかなか同じような経験をしていないかもしれません。

そんなときは、昔話から距離を縮めていくと、親近感を持ってくれます。

わたしの経験では、「昭和」の話はとても興味を惹くようです。たとえば、部活では水も飲ませてもらえなかった、といった話をすると、いまの時代とは違うんですね、と興味を持ってくれます。

話の引き出しがたくさんあるに越したことはありませんので、昔はできたけれど、いまではまったく通じない話などを伝えています。

若い世代とのコミュニケーションはいつの時代でもギャップはありますが、お互いが歩み寄ることで少しずつ埋まっていくと信じています。

13 感情で接しない

自分が大変な状況でも、一定でいるように心がけよう

スタッフとのコミュニケーションをとるためにもっとも有効なのは、対面で話をすることです。

その際に、気をつけたほうがいいことがあります。

それは、「感情で接しないこと」。

自分が大変な状況で、面倒に思うことがあっても、いつも一定でいようと心がけることと、そして何かあったら時間をとって話を聞いてあげることは、とても大切なのではないでしょうか。

わたしは、仕事中にイヤな顔を絶対にしないと決めているので、強く当たることはありません。言い方も、配慮しています。

たとえば、本当に大事なことを正すときは、「これは、○○だよね」と淡々と話すよう

にしていますし、どうしようもないことでも、「それはダメでしょ！」と思いきり笑いながら言っています。

ただ、怒ることなく淡々と話すと、逆にそれが怖いと感じさせることもあるようです。

ですから、相手の顔色が変わったら、「○○が原因で、できなかったんだよ」と、笑いながらフォローすることもあります。

人と本気で関わっていくのは、本当に大変ですよね。でも、わかり合えたときの喜びは、格別です。

14　役割を与えて、若手スタッフを成長させる

はじめての企画書で、４回書き直し

アルバイトは、本来決められた時間だけ働けば時給が発生します。

ほとんどの学生は、仕送りやお小遣いだけでは遊ぶお金が足りないからアルバイトをするのであって、社会勉強のために働こうという人はほとんどいません。

でも、ただ決められた時間だけ職場にいればいいというわけではなく、教育をして、成長させていきたいとわたしたちは考えているので、社員だけではなくアルバイトも巻き込

むようなことを行っているのです。

若手の社員やアルバイトがとてもやる気を出し、成長した例をご紹介します。

今回取り組んだのは、肩こりが解消する商品の販売でした。

フィットネスクラブの収入の多くは、会員のお客様からいただく会費であり、これがベースの売上になります。

それに加えて、パーソナルトレーニングや商品販売などで別途いただくことも大事な売上であり、それぞれに目標金額を決めています。

新しく採用したフロントの担当者に、フィットネス商品の販売会の企画書を書いてもらいました。

フィットネスクラブでは、定期的に販売会を行っていて、たとえばわたしたちの施設も、わたしが契約しているメーカーのシューズやウェアを販売しています。

フィットネスクラブのお客様は、靴やウェア、健康に関わるグッズをどこで購入したらいいかわからないので、専門であるわたしたちがおすすめしたものを購入してくださいます。今回のネックレスも、その1つ。

フロントの担当者に、はじめて企画書を書いてもらったところ、企画書というものとはほど遠く…。

結局４回も書き直しを命じました。

そもそも企画書に書くべき内容を、理解していなかったのです。

企画書は、誰が、何を、いつ、どのように、といった「５Ｗ１Ｈ」をはっきりさせなければ、まわりには伝わりません。

また、アルバイトの男性を販売のリーダーにすると企画書に書いてあったのですが、その人にリーダーの役割や目標を伝えたのかと聞いたところ、

「伝えていない」

とのことでした。

単にリーダーと言っても具体的な役割を伝えないと本人は何をすればいいかわからないため、それもすべて企画書に書くよう伝えたのです。

そして、販売会をＳＮＳで宣伝すると書いてあったのですが、週に何回、誰がアップするのかを決めていなければ誰もやらないよということも伝えました。

説明の足りていないところを付け足すとともに、読みやすいように箇条書きで書くようにも指導しました。

こんなやり取りをしながら、４回目で企画書が完成したのです。こちらもとことん付き合いましたが、社員もよく食らいついてきたなと思っています。

販売会でも、成長のためのチェックを怠らない

販売会が始まってからも、チェックは怠りませんでした。むしろ、ここからが本番です。「売上が上がってきました」と報告で書いてあっても、販売のリーダーに指名したアルバイトの男性にその情報を共有しなければ、「社員がやるものだ」と勘違いして、その男性が当事者意識を持てないと伝えました。

そして、販売リーダーに売上の報告をさせたところ、同じアルバイトの人たちが、「先輩ががんばっているから」と取り組みが変わり、リーダーも意識が変わって、お客様へ積極的に声かけをするように。

その結果、販売会開始から5日目で、目標売上を達成することができました。そして最終的には、目標の3倍近くを売り上げたのです。

企画書を書いた社員も販売リーダーも、自信がなかったのでしょう。最初の目標設定が低めだったのですが、はじめてのことなので、自信を持たせることが必要と思って、低めの売上目標を承認しました。

本人たちもそれでコミットしたところ、5日目に見事達成。

次の課題は、新たな目標を設定しつつ、社員とリーダー以外の人たちにもお客様へ声かけをさせることでした。

定期的なチェックを行い、成功体験を積ませることで、人は成長する

販売会の期間、最初のうちは、社員とリーダーは積極的にお客様へ声かけしていたのですが、それ以外の人たちが、なかなか声かけに行かなかったのです。

社員に対して、アルバイトの人たちに何か研修をしているか尋ねたところ、「商品の効果を説明しました」とのことだったので、「それだけではお客様に声かけできないよ」と伝えました。

その社員が先輩から教えてもらったときのことを思い出させたところ、

・説明を受けたら一度先輩の前でやってみる
・それができるようになったら、先輩が後ろについているなかでお客様と話す
・先輩社員は、お客様との会話についてフィードバックをする

という手順だった、とのことだったので、

「同じことをアルバイトの人たちにしてあげればいい。ただ説明するだけで終わらず、まずは自分に対して売ってもらう。そして、実際にお客様へおすすめしている後ろについて、あとでフィードバックする。それで、はじめて売れるようになるよね」

と伝えたのです。社員は、とても納得できた様子でした。

そして最終的に、当初の目標を３倍近く上回る結果となりました。それだけの結果を出

せたのは、社員にも販売リーダーの男性にとっても、1つの自信になったことでしょう。

先日その販売リーダーを見かけたので、「よくがんばってくれたね」と声かけしました。

そして、「次はあなたがリーダーになって、下のアルバイトと一緒にやりなさい」と伝えました。

さらに、「あなたがリーダーになって、ほかのアルバイトと2人で売ったら、もっと売れると思わない?」言ったら、「はい、そう思います! がんばります!」と言っていました。

はじめて任せるときには、「とことん付き合い、定期的にチェックを行いながら状況を確認し、成功体験をさせて自信をつけさせる」。これで、スタッフは変わっていくのだなと改めて感じました。

進捗状況のチェックは、タイミングが大切

定期的なチェックは、まず当初の売上目標を達成した際に実施し、売上があがっているときは次の目標を決める話をしました。

逆に、売上のペースが鈍くなってきたとき。次はこんなことをしてみようかという提案をします。

売上が順調に上がっているときは、とくに何も言う必要はありませんが、売上が鈍化しているときは、チェックが必要でしょう。

そして、キャンペーンのようなものですと、たとえば5日間キャンペーンを行うとすれば、最終の1日前もしくは最終日が一番売れるものです。

そこでチェックを行い、

「キャンペーンは明日までですよ！」という告知をさせて、盛り上げるようにしました。

実際、最終日の1日前と最終日はとても売れました。

正直に言うと、そこまで売れるとは思っていませんでした。

ですから、今度そのキャンペーンを担当したアルバイトには、みんなには内緒でアイスクリームをおごってあげようかと思っています。

学生のアルバイトは学校を卒業したら、就職のため退社します。これは、学生アルバイトを雇うときから事前にわかっていることです。

前にお話しした販売リーダーのアルバイトも、来年には退社する予定です。

そうなると、その人に代わるバイトリーダーを養成しないといけなくなります。

ですから、いま施設管理を任せている社員には、「考えて育成していかないと、リーダーが育たないので、日頃から意識して準備しましょう」と伝えています。

「人を育てる」ことの原点

販売会の企画書の書き直しを4回命じたように、人を育てるには1つひとつ教えていかなければ難しい面があります。

少し言うだけで気づくタイプもいれば、何回も教えてやらせてみてわかるタイプもいて、人によってさまざまですね。

わたしの人を育てる原点となった言葉に、山本五十六さんの次の名言があります。

「やってみせ、言って聞かせて、させてみせ、ほめてやらねば、人は動かじ」

これは、わたしが昔社員になったときの支配人から教えていただいたものです。

この言葉を紙の切れ端に書いて、

「栄紀ちゃん、人を育てるということはこういうことだよ」

と言って、渡してくださいました。わたしはいまでも、その紙を保管しています。

これが、まさにわたしの人を育てる原点です。

「まずは、人に言う前に自分がやってみる。そして、やる姿を見せる。そして最後にやらせてみる」。

育てるときに、自分がやっていなければ誰もついてこないから、自分がやってみる、ビジネスも一緒ですよね。「自分がまず売上をあげて、再現性をつけて教え子たちにやらせてみる。そして、結果が出たらはじめて信用してもらえる」。

人を育てる原点はそこにあるのかなと思うのです。

15　ときには嫌われることも必要

嫌われることを恐れない

社員やアルバイトたちが成長するためには、ときには嫌われることも必要なのではないでしょうか。

もちろん全員が嫌いな存在では困るでしょうけれども、そのような存在はとても重要だと言えます。

たとえば、リーダーのポジションにいる人がとても優しくて、人に強く言えないタイプのこともありますよね。

本当に人を思ったうえでの優しさであればいいのですが、意図的ではなく、嫌われたくないがゆえの優しさである場合が多く見られます。

本当に部下やアルバイトの人たちにきちんとしてほしいときには、その優しさが仇となってしまうこともあるでしょう。

ですから、お客様に対しても、できないことはできないと、はっきり言ったほうがいい場合もあるのです。

「お客様だから、言えない…」という気持ちはとてもわかりますが、その辺のさじ加減を覚えることも必要です。

たとえば、エアロビクスの養成でうまくできない人がいたときに、練習してきたのか、練習してきていないのかはよくわかるもの。いくら「練習してきた」と言っても、動画を見れば、していないことはすぐにわかります。

「養成は、練習の発表の場だから。練習してなかったら、あなたは先週と同じことをフィードバックしないといけないよね」と指摘することもあります。

厳しいかもしれませんが、本当のことですし、言わなければいけない場面もあるのです。でも、指導者になってまだ日の浅い人は、嫌われたくない、こんなことを言ったら嫌われるかもしれないという気持ちになって、あまり強く言えないようです。

しかし、それでは相手のためにもなりません。

練習をしてきたと主張されたら、何時間・どんな練習をしているのかを聞くことも必要です。

もし練習内容が間違っていたら、それを修正しなければいけないからです。

実際に聞くと、家のなかで音楽を聴きながら、小さく動いているだけだったということもあります。そのやり方では、エアロビクスの養成講座のときに同じように動いても、小さな動きしかできません。

もっと広い場所でしっかりと動き、声を出して練習しない限りは上達しないものです。ほかにも、誤った練習をしている人は少なくありません。

このことを伝えたところ、みんな練習方法が変わったことがありました。練習動画を毎回きちんと出すようになり、「いまのままではいけない」と思うようになって、必死に練習をするようになったのです。

厳しく言うのも必要ですが、何のために言うのかをいつも考えておかないと、本人たちには伝わりません。

スタッフやお客様（言われる側）に、指導する意図を理解してもらうためにも、なぜこれをするのかをはっきりと伝える必要があるでしょう。

無意識のうちに気を抜いている、怠けている、ごまかしているといったことを見透かされたときに、人は「嫌いだな」と感じるものです。

厳しく聞こえるのは真理を突いていることであり、相手のためになると思って、ときには心を鬼にして、嫌われる存在になることも必要ではないでしょうか。

16　部下をつけることで社員は伸びる

人に教えることで、学んだことの90％を理解できる

「ラーニングピラミッド」という言葉をご存じでしょうか？

これは、アメリカの公的な機関が提唱した学習モデルで、簡単に言うと、自分が教わるだけなら5％しか理解できず、繰り返し練習しても30％、でも自分が他人に教えることで90％理解できるという考え方です。

実演して教えるという経験をしなければ、本当の理解はできないということですね。

社員の教育も、一緒です。

部下ができると教育をする立場になるので、お手本を見せる必要があり、必然的に成長するチャンスをつかめます。

ですから、新しく入った社員たちも、研修を受ける側ではなく教える側になったときに備えて、教えられるスキルを身につけてほしいのです。

社員の等級を上げることで部下の教育ができ、さらなる成長のきっかけになるのではないでしょうか。

もっとも、それは理想論であり、必ずしもそんな目的で等級を上げられないことも多いでしょう。

わたしたちの会社も、独立起業するために卒業していく社員がいます。その穴をカバーするため、もしくは業務を拡大するために社員を増やすことがあり、そうなると管理職を担う人が必要となります。

ただ、責任者といった上の役職に抜擢する人の明確な資質は何かと問われれば、なかなか難しいものがあります。

もちろん、基本的にはパソコンが使える、お客様対応ができる、責任感が持てるといった人であればいいのではないかと考えています。

完璧な人を抜擢するのは、どこの組織でも難しいでしょう。あるとすれば、期待を込めてということです。

抜擢する際は、業務内容と給与、そして、

「なぜあなたを抜擢したか」

という話をします。

やはり、責任の中身を理解してもらい、それに見合った行動を身につけてもらうのは、とても大事なことでしょう。

17 「リーダー」としてふさわしくない人

「でも」「どうせ」「だって」の「3D」を使う人は、伸びない

実際のところ、完璧な人をリーダーとして抜擢できるケースは少なく、「期待を込めて」となるのが通常でしょう。

ただ、どうしてもリーダーに向いていない人はいて、そこの見極めだけはしっかりと行うべきではないでしょうか。

わたしたちの基準では、人のせいにする、責任をとろうとしない人は、絶対に抜擢しません。

嘘をつく人、ごまかそうとする人、言い訳する人も、リーダーには向いていないと考えています。

なぜなら、自分を守ろうとして、お客様にも必ず同じことをしてしまうからです。

時間にルーズで遅刻が多い人、身体が弱くて欠席が多い人も、難しいでしょう。体力が必要な仕事ですし、そもそも遅刻や欠席の多い人はリーダーとしては不適格です。

さらに言うと、人に興味がない、最後までやり遂げない人、人のやる気を折るようなネ

ガティブな発言をする人も、厳しいと言えます。

「3D」をご存じですか？

英語の「D」の頭文字で、「でも」「どうせ」「だって」という3大ネガティブワードのことです。

すべて相手や自分を否定する言葉であり、まったく生産性のない言葉です。

「でも」「どうせ」「だって」の「3D」をいつも使う人は、伸びません。明るく、ポジティブに考えられる人のほうが、リーダーとしてふさわしいのではないでしょうか。

ちなみに「3D」の反対は「3S」で、「すごい！」「さすが！」「素晴らしい！」です。3Sを使って、素晴らしいリーダーを目指しましょう。

コスト意識の薄い人も、リーダーには向いていない

リーダーにふさわしくない資質として、もう1つ、「金銭感覚がとてもルーズな人」もあげられます。

これは、たとえば経費関係の申請などをずっと出さないような人がいて、経理上数字が合わないと何度も計算するのでいろいろ大変であり、また「帳簿を合わせる」という視点がないと、厳しいのではないでしょうか。

会社の備品を無駄に使うことも、含まれてきます。

会社が買ったもの、会社が支払わなければならない費用に対してルーズになるのは、いいことではありません。

詰まるところ、コスト意識をきちんと持たせることが大切なのです。自分のお金は出したくなくても、会社のお金なら使ってもいいと思ってしまう人は多いと聞きます。

責任感を持って取り組む人こそ、リーダーになってほしい

消去法にはなりますが、ここまであげてきたものに当てはまらなければ、ひとまずリーダーの候補と考えていいのではないでしょうか。

実際のところ、これまでバイトリーダーに任命した人たちは、さほど派手なことはしなくても、責任感を持って、お願いしたことをキッチリとやってくれました。

今回の販売会で、何度企画書にダメ出しされても修正してきた社員も、販売のリーダーをしてくれたアルバイトも、責任感を持って期待以上のことをしてくれました。

このような信用が蓄積すると、次も期待して任せられます。そして、期待に応えてくれるだろうと考えられますね。

「そんな人こそ、どんどん上を目指してほしい」。

縁あってお預かりした限りは、社員にしてもアルバイトであったとしても、成長させなければいけないと考えていますし、どこかへ転職するもしくは学校を卒業して就職したとしても、わたしたちのところで働いた経験を活かしてほしい。

そこは、いつも考えていることです。

18　組織の体系よりも、情報の共有のほうが大切

担当に固執すると、自分の担当以外は他人任せになってしまう

施設を運営するうえで、売上はもちろん大切です。でも、それよりももっと大切なことがあります。

いまのわたしたちの組織は、統括がいて、その下に施設管理者、さらにその下に各部署のリーダーがいます。

それぞれの役割を与えられている人は、その担当に対して責任感を持っています。でも、あまり「担当」に固執してしまうと、誰々だけがやっておけばいいということになりかねないので、その形にはしたくありません。

しかし、困ったとき、最終的にその人に聞けば何でもわかる、たとえばスタジオはこの

人、イベントのことはこの人に聞けばなんとかわかるという形にはしたいのです。

ですから、「この役割の人がいないと施設運営はできない」というものは、とくにいまのところはないと考えます。

そのなかで大事なことは、みんなが情報を共有するようにしていくことです。

1日何もなかった日などありませんので、「今日はこんなことがありました」というふうに、いいことも悪いことも、何でも共有することが大切ではないでしょうか。

19 社員の自己啓発

高すぎる目標、不可能な目標を設定しないこと

社員が成長するためには、毎日「なんとなく」がんばっているだけではなく、何かしらの「目標」が必要です。

その目標は、会社の方向性や方針と一見ずれている個人的なものだったとしても、容認されるものでしょうか?

これには、正解はないと思いますが、わたしたちが社員の評価に使っている「目標管理

シート」の「自己啓発」は、本人がしたいことを好きに書いていいということにしています。つまり、仕事ではなく、「何かのコンテストに入賞する」といったことでもＯＫ。仕事の成果がいまいちだったときに、そこをがんばれるのであれば評価に加えてもいいと考えています。

もちろん、

「自分は会社の売上を大きくアップさせます」

というものも、評価してあげます。

なぜなら、やりたいことや目標がある人のほうが評価しやすいからです。

目標設定のときに気をつけていることが、１つだけあります。それば、高すぎる目標、不可能な目標を設定しないこと。そのために、一緒に相談しながら決めていくようにしています。

まずは、やりたいことを書いてもらいます。高すぎる目標の場合は、

「この目標では高すぎて評価できないから」

と再度検討することで目標を下げてもらい、不可能な目標の場合は、

「もう少し細かく、具体的に設定しようよ」

と伝えて、少しがんばらないと達成できない目標も入れながら、つくっていくようにして

います。

たとえば、

「お客さまからのご意見をゼロにしたい」

と書いてあっても、それは現実的ではないので、言い方を変えさせることもあれば、

「退会をゼロにしたい」

という目標も不可能に近いので、「自己都合退会ゼロ」というように変えさせることもあります。

このように具体化することで、評価をしやすくなります。

目標が明らかに違っていたら指摘しますが、仕事のなかでやりたいことがあるのはとてもいいことなので、そこはすべて評価してあげたいという気持ちです。

社員各自が持つ仕事のなかでやりたいこと、そこをどのように評価につなげるかが、管理者として求められる視点ではないでしょうか。

20　目標は具体的に、行動レベルで

抽象的な目標は、よく話し合って修正を加えていこう

「目標設定」とその達成度は、社員の成長や評価のためには不可欠なものです。

その目標設定において、抽象的な目標は、よく話し合って修正を加えていく必要があります。

弊社の社員が「アルバイトの人たちから頼られる存在になりたい」と書いていることがあり、その場合は「頼られるって、どういうこと？」と質問をしています。

どんなことをしたら頼られる人になるのかということを、もう少し言語化するのです。

答えがなかなか出てこないようなら、「じゃあ、逆に頼られない人間ってどんな人？」と、角度を変えた質問をします。

このあたりは、普段からワークをしていかなければいけませんが、なりたい「理想像」があるのなら、何をすればいいか自分で考えて、自分のなりたい理想像に近づくための計画をして、実践するしかありません。

そして、具体的な行動を書いてきたら、管理者側がしっかりと注視していかなければばい

けないでしょう。

目標設定については、第5章で詳しくお話しします。

21 人の育成は「我慢」を第一に、「知らなくて当然」だと思って接する

知らないことは、教えてあげよう

新しく入社する人たちは、社員、アルバイト、年齢の上下は関係なく、基本的に全員が「新人」の状態、つまり、フィットネスに関することは何も知らないものと考えて対応しています。

あまり期待して、

「これはできるだろう」

「この人は、こういった人間だろう」

と思っていると、その期待を裏切られたとき、がっかりしてしまいます。


アルバイトに来る人はほとんどが大学生で、一般的な社会常識は身につけていると思っていますが、驚いてしまうことも…。

学生のアルバイトに手紙を出すので住所を書くようにお願いしたところ、切手を貼ると

ころに小さく住所を書いていたのは、なかなかの衝撃でした。

やり方がわからないときに、「これ、どうやって書くんですか？」と質問をしてくれる人はいいのですが、書いてしまったあとでびっくり、といったことも少なくありません。

考えてみれば、いまはＥメールやＳＮＳで連絡をするのが当たり前、手紙やハガキを出したことのない人がいても不思議ではありません。

電話のとり方にしても、横で聞きながら先方への受け答えを教えないと理解できない人もいます。いまは自宅の固定電話をとることが少なくなっているため、わからない人も増えています。

以前、エアロビクスインストラクターの養成講座へ通っていた人に事務のアルバイトをお願いしたときのこと。いまの悩みを書いてもらったところ、「指導スキル」と思いきや、「電話のとり方」と書いてあったのです。いまとなっては笑い話ですが、よほど苦痛だったのでしょうね。

こちらが当たり前と思って頼んだ仕事が思いも寄らない理由でできないとき、ただ衝撃を受けるのではなく、我慢強く教えてあげることが大切でしょう。

何歳になっても知らないことがあるのは当然です。

フィットネスはサービス業であり、同じサービス業の飲食業とは多少サービスの違いはありますが、接客をしておもてなしをするという共通点があります。フィットネスの売りは、なんといってもスタッフの元気のいい挨拶です。ただ、こちらが当たり前に挨拶をしていても元気のいい挨拶が伝わっていなければ、こちらの伝え方に問題があります。

人を育てるのに必要なものは何かと聞かれれば、「我慢」と答えます。人を育てるときにどこまで我慢できるか…という部分は、とても大切なこと。

若い人が知らないことやわからないことがあっても当然だと考えて、社員にもアルバイトにも根気強く接していきましょう。

22 社員は「責任」を持つ立場であることを伝える

仕事の現場で社員とアルバイトは責任の重さが違う

わたしは社員やアルバイトたちに指導をするうえで、「知らないことを前提に」それぞれ同じように接しています。

同じように接するのですが、社員とアルバイトでは仕事の内容において、重要度に大きな違いがあります。

社員とアルバイトとの最大の違いは何かと言えば、「責任の重さ」です。

社員がお客様対応をしている際、そこに自分１人しかいなかったとしたら、その社員が一番のリーダーとなり、お客様に何かがあったとしても責任を持って対応することが求められます。

人に任せず、自分がしっかりと責任を持つ。ここが社員とアルバイトとの最大の違いです。

アルバイトと一緒に現場にいるときにも、責任ある行動をとるのが社員の務めです。

プライベートで遊んでいるときは構いませんが、仕事の現場で社員とアルバイトは一定の距離感を持って行動することです。

ですから、社員の教育は「責任を持った行動をする」といったことが主眼となります。

いつも社員に伝えているのは、

「アルバイトのこと、自分の仲間だと思って大切にしなさい」

ということ。

雇う、雇われている、という関係性ではありますが、双方が共通の目標を持つことで、意思の疎通をはかることができます。

まずは仲良くすることが大切なのです。

居心地がいいと思ってもらえなければ協力してくれないので、帰属意識を持ってもらうためにも声かけをしていくことが必要です。

たとえば誰かが急に休んだときには、帰属意識があるとヘルプで入ってくれることもあります。

困っているときに助けてくれる人材を育てていれば、こちらは助かります。

一方で、社員はアルバイト以上に身内のような存在なので、「ほめるところはほめる、ダメなことはダメ」と伝え、徹底した教育を行うことで、責任感を持たせていきましょう。

23 ときには社長が現場を直接見に行くことも大切

社長は施設やスタッフの様子、レベルを肌で感じよう

先日のことですが、

「あなたのところのアルバイトが、仕事をサボっている」

とお客様からご意見をいただいたという連絡を、社員から受けました。

まずは事実確認をということで、一度現状把握をするよう社員に指示を出したのです。

でも、アルバイトスタッフ本人に
「サボっているの？」

と聞いたところで、

「はい、サボっています」

とは絶対に言いません。

そうなると「どんな働き方をしているのか」、実際に行って現状把握しなければいけません。

もちろん、アルバイトの人たちが何を考えて仕事をしているのかを、コミュニケーションをとりながら把握しようという目的もありました。

そこで、実際に数時間施設へ滞在し、視察やお話をする機会を持つようにしたのです。アルバイトの人たちといろいろな話をすることで、そのアルバイトスタッフの考えていることがわかり、次に行ったとき話がしやすくなります。向こうからも話しかけやすくなるようです。

「こんなことを考えているんだけど、手伝ってくれる?」と言うと、「いいですよ!」と答えてくれることもあります。

定期的に会社の社長が直接見に行って話をすることも、とても大事なのではないでしょうか。

現場を見て、しっかりとやっている人には「がんばっているね」と直接伝えてあげることは、非常に大切なことです。

実際、現場で働いている人たちは、社長が来るとはあまり想像していないのかもしれません。

「来てくれた、気にしてもらえているんだ」という気持ちになる人もいるでしょう。

もちろんいろいろな人がいて、社長が来ても気にしないこともあります。一方で、自分をアピールしてくる人もいます。

仕事をテキパキとこなしている人もいるので、

「すごいね。短時間でこんなこともできるの？」

と、驚かされることも。

「これはどうなっているの？」

というわたしの疑問や質問に、わかっている人はきちんと丁寧に答えてくれます。

一方で、答えられない人は、もう少しがんばらないといけないかなと感じることもあります。

がんばろうとしているかどうかは、姿勢でわかります。

施設やスタッフの様子、レベルを肌で感じるためにも、社長はできるだけ現場に足を運びましょう。

24　話を聞くときの姿勢も大切

相手への敬意は、姿勢にあらわれる

あるフィットネスクラブでは、毎年春になったら社長が全店舗に来店してスタッフを労うようです。

全国で約１００店舗ある直営の施設を、分刻みのスケジュールで訪問しています。

社長が来るとなれば、どの店舗も必死で隅々までキレイにし、店舗に訪れた社長をお出迎えして、きちんとご挨拶します。

以前、わたしが通っていたクラブで、たまたまそのクラブの社長が来られたことがありました。

社員たちの様子がいつもと違うなと思って会議室を見たところ、全員が背もたれに寄りかからず、背筋を伸ばしながらお話を聞いていたのです。

それを見て、社長が来られていることがすぐにわかりました。

わたしのレッスンが終わったあと、スタッフに、

「今日、社長がいらしてたの？」

と聞いたところ、

「そうです！　よくわかりましたね！」

それは、社員みんなの座り方を見ればわかります。

話を聞く姿勢は相手に対する敬意であるということです。相手をリスペクト（尊敬）していることは、姿勢にあらわれるものなのです。

そのことを、先日社員ミーティングで話をしました。

誰かが研修で来てくださっているときに、背もたれにドーンと寄りかかるのではなく、少し前のめりで聞いていると、相手からの見え方がまったく違ってきます。

お客様に喜んでいただく要素として姿勢も大切であると、社員やアルバイトの人たちに伝えることも、大切ではないでしょうか。少し意識をするだけで、相手の方に喜んでいただけるとすれば、とてもうれしいことです。

25　お客様からのご意見に対する対応は、しっかりと教える

電話に出た人は「店の代表」という意識を持たせよう

お客様からのご意見は、人によってはとてもつらいものかもしれません。とくに仕事の

経験が浅いアルバイトのなかには、電話で思いっきりお客様の怒りに触れて、「もうムリ…」と心が折れてしまう人もいます。

一方で、飄々と対応している人もいるので、とらえ方は人それぞれなのかもしれません。

１つ改善していくべきものとして、「すみません」と言えない人の存在があります。

お客様がご意見を言ってこられたとき、自分のことではなく誰のことかわからないことに対しては、なかなか「すみません」と言えないのです。

お客様から、

「これ、どうなっているの？」

と言われたときに、

「わたしではないので、誰なのか調べておきます」

と答えるのは、決して間違ってはいないのですが、誰か調べたところでどうするの？　といった話になりますよね。

電話に出たということは、店の代表としてお客様に対応しているのですから、

「ご意見ありがとうございます。不快な思いをさせてしまい、申し訳ございません」

と言うようにお願いしているのですが、若手層の場合、その言葉が出てこないことがあります。

傾向として、ミスをしたくない、自分はミスしていない、という思いがあるのでしょう。ミスを指摘されることを非常に嫌がります。

「わたしは絶対にミスをしないので、それはミスではありません、わたしのミスではありません」

と言うのですが、わたしたちもアルバイトの人たちに責任をとらせようなどとはまったく考えていません。

わざわざご自身の時間を使って電話してくださるお客様からすれば、電話に出た相手が社員かアルバイトかは関係のないことです。

店の代表として電話対応をするならば、まずはしっかりと話を伺い、いただいたご意見へのお礼、また不快にさせてしまったのであれば、

「すみません。社員にかならずお伝えします」

と言えるように、教育をしていく必要があります。

お電話でご意見をいただくお客様は、施設の誰かに聞いてほしいと思っています。しっかり時間をかけて話を聞き、「自分ではわかりかねるので、社員の○○にかならずお伝えし、返事をさせていただきます」まで言えるように、しっかりと教えなければいけないのです。

第4章　生き残るための、「顧客目線」の施設づくり

1　立て直しは、まず「水まわり」から

水まわりを見れば、どう施設を使っているのかがわかる

施設の立て直しなどでわたしたちが入るとき、問題が起きているお店でよく見られる「あるある」は、「水まわり」です。

わたしはかならず最初に「水まわり」を見るようにしています。

なぜなら、水まわりを見れば、どんなふうに施設を使っているのかがほぼわかるからです。

まずは、水まわりの清掃から着手し、お客様が気持ちよく使える施設づくりを目指しましょう。

2　リニューアルにともなうお客様のご意見は、1ヵ月と割り切る

基本的にお客様は、変化を嫌がる

いくらコンセプトが地域や設備に対して適切ではなくても、すでに入会しているお客様

はいまのコンセプトを楽しんでいるものです。

ですから、第1章でお話ししましたが、施設のフィットネスジムの照明を明るくしたところ、

「前のほうがいいのに、どうしてこんなに明るくしたんだ！」

と、何人ものお客様からご意見をいただきました。

でも、いまのコンセプトでは会員数が増えないとわかっていたので、リニューアルする方向性をやめることはありませんでした。

お客様は、基本的に変化をとても嫌がります。

ストレッチエリアを開放的にしたところ、

「人に見られて恥ずかしいから、ドアをつけてくれ」

「パーテーションをつけてくれ」

という声も相次ぎました。

でも、ご意見も1カ月程度で、どうして明るくしたいのか、パーテーションをつけないのかをご説明し、ご理解いただくようにしました。

その施設で大事にしようと考えたのは、スポーツクラブらしさ、明るくて「入会したい」と思ってもらえる雰囲気をつくることでした。

外から見て「いかにもスポーツクラブ」という雰囲気でなければ、入金していただけません。

間口を広くとって、入り口から全体が見えるようにしたのです。それは、安全上とても大切なことでもあったからです。

ほかにも、

「明るい環境で人と目が合った」

というご意見もいただきました。

ただ、安全上どうしても全体を見えるようにしたかったため、その意図を伝えたことで、ご理解いただきました。

リニューアルするときはかならずマーケティングを徹底的に行い、今回もそれに基づいたものでした。

マーケティングに基づき月会費なども見直したところ、想定通り、ほとんどの方が継続してくださいました。

もちろん、退会する方もいましたが、施設の評判を聞いていつか戻ってきてくれるかなと思っています。

そして、半年後には、会員数が無事に目標数に達成したのです。

3　汚れている、もしくは手入れが行き届いていない環境に慣れてはいけない

お客様目線で対応する

とくに公共の施設では、キレイではない、暗い施設も散見されます。すべてのお客様は、キレイで清潔な、明るい環境でトレーニングをしたいのではないでしょうか。

大切なのは、お客様の目線に立つこと。

お客様がどう感じて、トレーニングマシンをどう使うか、どのように動くのかといったことを考えなければいけません。

たとえば、シートの張り替え、破損したマシンの修理、汚れた床のタイルの張り替え、窓をキレイにすることなど、優先順位をつけて取り組んでいく必要があります。

広く見せる必要があるので、マシンのレイアウトを工夫することも、大事なことです。

やはり、汚れている、もしくは手入れが行き届いていない環境では、お客様に来ていただけません。

「汚いところでもいい」と言ってトレーニングしようと思う人は、ほとんどいないでしょ

う。

パーテーションがボロボロになっていたり、シャワー4台のうち2台が壊れていたりする施設もありました。

シャワーヘッドが割れているのなら、交換すればいい話です。1つ数千円で買えるものですから。

はじめて来たお客様が、シャワーが2つも壊れているのを見たら、イヤな気分になりますよね。

怖いのは、汚れた状態を放置していることで感覚が麻痺し、それが当たり前になってしまうことです。

お客様から言われてからやっと、

「ああ…そうですね」

と気づくようでは、遅すぎます。

利用するお客様の立場になれば、設備を清潔にする、キレイに保つ、故障のまま放置しないという当たり前の対応をするはずです。

手入れの行き届いていない状態に慣れてしまわないように、お客様目線を常に持つようにしましょう。

４　依頼主やお客様に対しても、しっかりと「さらけ出す」こと

曖昧な言い方をしては、変な期待を持たせてしまうのでNG

フィットネスジムの立て直しの事例として、これまでお話ししてきた施設は、オープンしたもののなかなか業績が上がらず、どうしたらいいのかと相談され、わたしたちがご依頼をいただきました。

はじめに相談されてから、すぐにその施設の直すべきところをすべて書き出して、立て直し完了までの絵を描き、提案書を提出しました。

依頼主である会社がＯＫを出してくれたとしても、お客様にご理解いただくのは容易なことではありません。

既存のお客様は、これまでにお話ししたように、変化を嫌がります。

お客様に対しても、１人ずつ誠実に向き合っていきました。

何かこちらに伝えたいことがありそうなお客様には「こんにちは」と、こちらから声かけして、

「すみません、こんなふうに変わりましたが、どうですか？　使いにくくありませんか？

ご意見をお聞かせいただけませんか？」

と聞くようにしました。

何事でも「先手必勝」で、こちら側がどのような意図で行っているのかを説明すること
で、お客様から
「そういう意味があるんだね」

と、ご理解いただくことができます。

お客様からいただくご意見に対しては、すぐに「いえ、これはこうなんです」と反論せ
ず、いったんご意見を承ったうえで、「そうなんですね。会社で協議するので、お時間を
いただけますか」

とお伝えしています。

ただ、できないことであれば、曖昧にするべきではありません。

たとえば、

「工事が必要なことは、現時点では難しいのです。力不足ですみません」

と、わたしはお伝えしています。

曖昧な言い方をしては、期待を持たせてしまうだけだからです。

「できないことはできません」と、はっきり伝えたほうがいいでしょう。

5　ご意見への対処

ご意見に対しては真摯に向き合うことが大切

接客業において重要になるのは、お客様からのご意見です。

お客様の要望に対するリアクションが遅い、もしくは対応を誤ると、さすがにお客様も不快に思ってしまいます。

フィットネスクラブにはいろいろな方が来られるので、ご意見をいただくことが多くなりがちです。

電話で1時間ほどご指摘をいただくこともあります。

そういったときには、いったんきちんと受け入れて、真摯に向き合うことが大切です。すぐに「いや、でも…」、「違います」と返しては、お客様を不快な気持ちにしてしまいます。マニュアルをつくるなどして、しっかりと対応を決めておく必要があるでしょう。

お客様を諦めさせては、退会につながってしまう

避けなければいけないのは、お客様を諦めさせてしまうことです。ご意見を言ってきて

くだされば、対処もできます。

こちらが先に気づいて対処できれば一番よいのですが、高齢のお客様の多くは、ご意見を言ってくださることがとても少ないのです。

諦めて、通う気持ちが起こらなくなってしまいます。さらに忙しさも相まって、優先順位が下がり、やがてやめてしまうことになります。

フィットネスクラブは、いかに継続して通おうと思っていただくか、つまり優先順位を高めることが大切です。

とても楽しかったのに、ささいなことがきっかけで優先順位が下がり、足が遠のいてやめていく。

目に見えないところで、こんなことが絶対に起きているものです。

もちろん、忙しくなったからとやめる人はたくさんいるのですが、それはただ、優先順位が低くなっただけとも考えられます。

最初に思っていた「身体を変えよう」、「自分を変えよう」という気持ちが遠のいてしまったということです。

「忙しいのなら仕方がない」ではなく、「忙しい」とお客様が言う裏側に何があったのかを知らなければいけません。

もしかしたら、「忙しい」＝「期待外れだった」ということなのかもしれません。

わたしたちの仕事で大事なのは、お客様にずっと継続していただくことです。

会費を払い続けていただくことで経営は安定し、「健康になる」といったお客様の目的をサポートすることができます。

日々の小さな積み重ねで優先順位が変わってしまい、足が遠のいていく状況をなくしていかなければ、退会が増えてしまうでしょう。

ですから、入会していただいたら終わりではありません。

「楽しい！　がんばろう！」という気持ちを継続していただくことが、とても大切であると心がけましょう。

6　高齢の方々がやめないしくみづくり

「やめさせない努力」が会員の継続につながる

国内最大級の店舗数を誇る、大手のフィットネスクラブがあります。

そのクラブの社員の皆さんが何をしているのかと言えば、主にお客様のフォローなのだそうです。

そして年齢にかかわらず、お客様を下のお名前で呼ぶと聞きます。

わたしがそのフィットネスクラブへ通ったら、「栄紀さん」と呼ばれるのでしょうね。

フォローもマニュアル化されているようで、お客様が数ヵ月間来訪されない場合、メールではなく電話をかけて、「最近どうですか？　来ていただけないと、寂しいですよ」といったお話をしているようです。

こういった、「お客様が続けたくなる努力」が会員の継続や、多店舗展開につながっているのでしょう。

お客様側も、ほかの会員やスタッフとのおしゃべりを楽しみに通っているのかもしれません。言わば、「憩いの場」ですね。

最近聞いた話なのですが、高齢の方々が長生きするためには、3つのものが必要なのだそうです。

まず1つ目が、やはり健康であり、2つ目が趣味を持つこと、最後3つ目は資産運用とのことでした。

やはり高齢の方々にとって、健康はとても大切なものなのです。そして、気心の知れたお友達と共通の趣味を持つこと、コミュニケーションをとることも大切ですね。

もちろんお金も必要で、国の年金だけではいい暮らしができないので、貯蓄も必要です。

このように、高齢者の方々の健康への意識は、非常に高いと言えます。ですから、これからのフィットネスクラブには「高齢者がやめないしくみづくり」がさらに求められるでしょう。

１つの観点として、お客様が憩いの場になるような施設づくりをしていかないと、退会率を下げられないのではないでしょうか。

街のお医者さんが高齢の方々の寄合所になっているとよく聞きますが、フィットネスクラブに来ていただいたほうが健康的ですよね。

7　改革のマイルストーン

まずは最初の３ヵ月が大切

施設の改革を行っていくときに大切なのは、最初の３ヵ月であると考えています。

最初の３ヵ月で施設の内情を知り、面談などでコミュニケーションをはかることはすでにお話ししたので、ここでは３ヵ月以降も含めた、具体的な改革のマイルストーンについてお話しします。

わたしの場合、最初の３ヵ月を過ぎたら、次の半年で結果を出さなければいけないと考えています。

ですから、入って4ヵ月目から半年間は、とにかくさまざまなことに取り組むようにしています。

つまり、3ヵ月＋半年の9ヵ月でできる限りの結果を出し、そのときの結果を見て、次の3ヵ月を考えるのです。

基本的には、このようにして1年を過ごすというイメージです。

1年も経つと、その施設には人がどれくらい来る、ここまでは来ないといったことが見えてくるので、そのあとは半年ごとに方向性を変えていきます。

最初の1年で把握した地域性を元に予算を策定し、半年ごと、つまり上期・下期で考えていくのです。

立て直しに入るときには、あらかじめ依頼主に1年間の見込みを大枠で説明し、

「これくらいの予算でいきます」

と伝えて、経費もおおよそで算出します。

そして、走りながら見直しをかけて、不要になった経費は次の年ですべて消去していきます。

ですから、立て直しに入る際には施設の財務状況をしっかりと把握します。そのうえで、

「経費はこのくらいかかります」

「これだけの売上が立つ予想です」

と予算書をつくってお渡しし、了承を得たうえで走り出すのです。

そして結果を出して、

「こんな結果になったので、次の予算は～%上乗せで考えています」

「経費はこれだけ削減します」

といった話を1年後にすると、ほとんどの場合、ご納得いただけます。

施設のキャパシティは最初に伝えておく

依頼主から、

「もう少し売上を乗せられるか」

と言われることもあるのですが、施設のキャパシティが見えてきたら、きちんとお話ししています。

たとえば、

「もうこれくらいで入会を止めたほうがいいですね」

と予算上ですべてお伝えします。

もちろん、けがや病気、生活の変化や引っ越しなどでやめていく人もいるので、その分は新たに入れていきます。

入れ替わりも加味して年度で微増、程度に考えておくのがいいのではないでしょうか。

もっと売上を上げたいときは、そのために必要となる経費を算出し、その経費によってどれだけ売上を上げるのかを考えるといいでしょう。

安定収益は8割を目指す

施設を安全に運営していくためには、ある程度のベースがなければ難しいでしょう。ベースになる安定収益、つまり月会費がどれだけあるかが、とても重要です。

上司がいくら指導して物販などで売上をあげたとしても、変動性のある収益よりも安定収益のほうが、経営の安定には必要です。

基準は、安定収益が8割、そのほかが2割。

「そのほか」で足りない分は、販売会の開催などでカバーします。

ただ、販売会は商品を売るために経費がかかるので、利益はそれほどありません。

販売会は、労力を使うので、頻繁にはできませんが、売上が足りないときに、年に何回かは開催するといいでしょう。

〔図表１〕

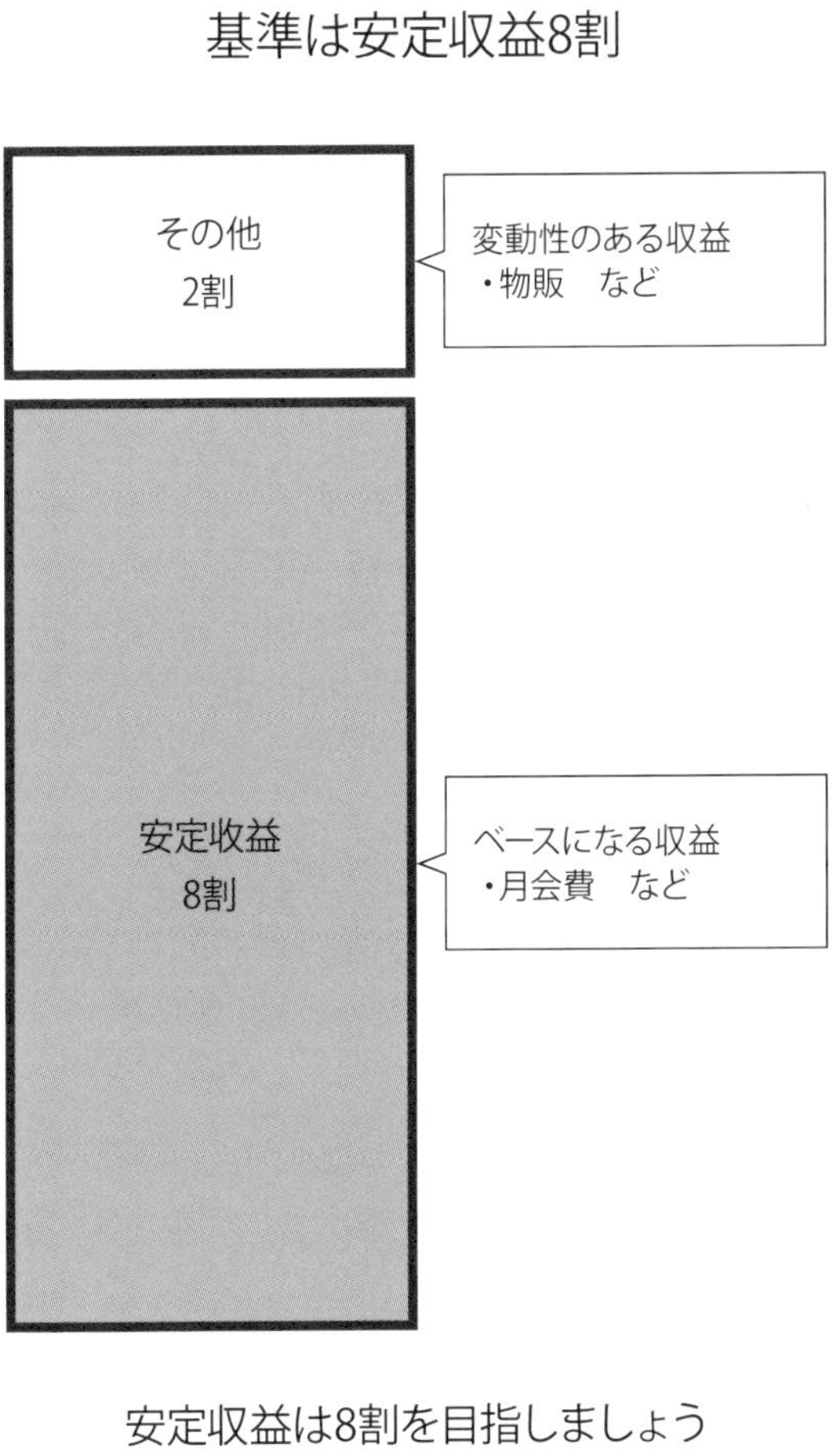
基準は安定収益8割
その他
2割
変動性のある収益
・物販　など
安定収益
8割
ベースになる収益
・月会費　など
安定収益は8割を目指しましょう

わたしたちの場合、あらかじめ年間の予算にあげているのですが、非常に大切なのは、年間を通じてどのようにやっていきたいのかを決めていくことです。

経営は、行き当たりばったりでは右往左往してしまいます。

半年や年間を通じて、トータルでこうなるというように、有言実行できっちりと行っていくことが、本当に大切なことなのです。

とくに、立て直しをご依頼いただく立場であれば、それが信頼につながっていきます。結果が予算を上回れば、喜んでいただけるからです。

根拠のある見込みを立ててお客様を増やし、安定収益を増やす

依頼主のなかには、売上を数倍にしたいと希望される場合もあります。

ムリに売上を上げようとすると、歪みが起こることもあるので、慎重に考えたいところですが、依頼主の期待に応えるのもわたしたちの役割なので、それなりの根拠を見つけたうえで、強気な予算書をつくる場合もあります。

例えば前述の施設では、1年目にとても強気な予算書を作成しました。

具体的には、会員数を4倍ほどにする、というものでした。売上ベースでは、およそ3倍の売上の予算書をつくったのです。

「こんなもの、ムリでしょう」

と言われたのですが、入金数は半年で達成できました。これは、もちろん見込みがあったからです。

明るくてきれいな施設であり、楽しそうなレッスンがあり、元気なスタッフがいて、価格がそれなりであれば、会員になりたいと思いますよね。

それまではスタジオが効率的に稼働していなかったのですが、ハードルの低いメニューを設け、人がたくさんいる楽しそうな雰囲気を演出したら、近隣のフィットネスクラブさんから、こちらに移動される方もたくさんあらわれました。

きちんとしたジムであると皆さんに認識させることができれば、必ず達成できるという勝算があったのです。

半年で目標を達成したあとは、次の半年をどうしようかと考え、その他の売上を立てていきたいと思ったので、パーソナルトレーニングにも力を入れました。

これは、当初から計画してたことです。

「では、●●日にトレーニングをしましょう」

と約束すると、お客様は来られるものです。

体験会を開催したり、いろいろなイベントを行ったりしながら、継続率を確保しつつお客様を増やしていきました。

その間は大変忙しかったのですが、お客様が毎月増えていったことが、安定収益の確保につながったと感じています。

もともとその施設は、2年ほどで目標を達成すると踏んでいました。

実際は、コロナ禍の影響で2年では達成できず、3年ほどかかりましたが、それなりの期間がかかると認識し、長い目で取り組む必要があるでしょう。

安定収益を得るためには、「足元」へのマーケティングが必須

安定収益を得るための秘訣は、施設がある場所や在籍するお客様が多く住む場所の地域性を把握することに尽きます。

結局のところ、お客様が1年間でどれくらい入れ替わるのかをつかまなければいけません。

例えば転勤族の多い地域なのかどうかは、実際にマーケティングしなければわかりません。

いま在籍している方たちがどこから来ているのかという「足元」を調べます。

具体的には、何キロ圏内が一番多いというふうに調べるのです。

お住まいは多少遠くても、お勤め先が近所にある場合もあります。何区から・何々町から何人来ているといった比率をすべて調べると、転勤などでやめない地域などがわかってきます。

「目標を決めて、一定の人数に達したら、足元を調べ、その地域に対してマーケティングをかけていく」。

これが、基本の考え方です。

わたしたちが見ている施設は口コミの入会が多いので、近所の人が通っていたら入会希望者が増えていきます。

広告は現在出していないのですが、それは新聞などに広告を出しても、せいぜい1人くらいしか来ないからです。

来る人のほとんどが口コミ、もしくはホームページを見てのものですが、それはほかのフィットネスクラブでも同じのようです。

安定収益を得るために必要なのは、マーケティングと内部充実です。

内部が充実していない限りは、いくら、どのようなマーケティングをしても、紹介にはつながりません。

だからこそ、お客様のご意見への対応や、故障などへの素早い対応が求められるのです。

8　ほかのクラブから移ってくる人への対応

会員の質を保つために、規約をしっかりと理解していただく

ほかのフィットネスクラブからわたしたちの施設に移ってくる理由は、大きく2つあります。

1つは、そのフィットネスクラブよりも近隣の地域に新しい施設ができたこと。

もう1つは、ほかのフィットネスクラブよりもプログラムが豊富で、マシンが充実していることです。

ほかのスポーツクラブの対応が気に入らず、こちらの施設を希望してお越しいただく場合もあります。

もちろん、どんなことで揉めたのかを知る手段はありません。ご自身から

「別のところで揉めた」

と言うことはないでしょう。

そんなことを言えば、問題がある人と思われるからです。

とは言え、会員の質を保つことは大事なので、対策をとっています。

それは、入会のときに説明する規約に、トラブルがあったらやめていただく旨を明記し、しっかりと読んでいただくことです。

そして、規約に違反するような行為をしたときには、退会していただく。これが、唯一かつ最大の対処法でしょう。

ただ、トラブルを起こしたいと思っているお客様はいませんから、何かがあったときは、しっかりと話を聞いて対処する必要があります。

9　お客様がケガをしたときの対応

初期対応をしっかりと行い、お客様へのケアは忘れず、保険については慎重に

お客様からのご意見に対しては、施設側が誠意を見せるのが第一です。

大切なのは、「すぐに対応すること」。何かあったら、時間を置かずに電話して「どうですか」と様子を伺うようにしています。

フィットネスジムでは、お客様がマシンでトレーニングをしているときにバランスを崩し、ケガをすることもあります。

場合によっては、救急車を呼ばなければいけないことも…。

ケガをされたあとの対応で大切なのは、初期対応です。

初期対応をしっかりと行っていれば、お客様がマシンでケガをしたとしても、治ったら戻ってきてくださいます。

一方で、対応を誤ると、

「損害賠償だ！」

とお客様が言うこともあります。

やはり、施設側が誠意を持って初期対応をきちんとすることが大切です。

たとえば、お客様が自分でケガをしてしまったときは、施設側に責任があるのかないのか、過失の有無を調べます。

スタッフがトレーニングの指導をしている最中に、スタッフが誤ってお客様の足にダンベルを落として骨折させた場合は、会社の保険を使って対応する形になります。

でも、お客様が自分でトレーニングしていて、ダンベルを落として骨折したときは、施設側に過失があるか、ないかによって対応が異なるのです。

この場合は、過失があるかないかによるので、保険会社が過失の有無を調べて、過失が認められない限り保険はおりません。

ですから、まだ方針がはっきりしないなかで、いきなり「保険で対応します」と言ってしまうと、お客様に期待されてしまうことになります。

もちろん、「ぜひ病院に行ってください」とお伝えし、「お加減はどうですか？」、「ケガをされている間の月会費は、止めさせていただきます」といったできる限りの対応は、しなければなりません。

しかし、ここでもっとも争点になるのは、保険がおりるか、おりないかというところです。お客様も必ず聞いてきますし、病院も「施設側も保険に入っているから、聞いたほうがいい」と言う場合もあるようです。

施設側に過失がないものは、保険対応ではない旨を説明しよう

結局のところ、保険がおりるかどうかは過失の有無で判断されるので、最初に「今回の件に関しては、お客様個人でされたことなので、過失は認められません」とはっきり言っておくべきなのです。

そうすれば、トラブルにはなりにくいでしょう。

これは、昔から何度もあるトラブルです。

「お風呂で転んで頭を打った。切れてしまったから、保険で治してくれ」というケースもあり得ます。

ただ、こぼれた石鹸をスタッフが放置して転んだのであれば、施設の過失が認められる可能性もあります。

過失が認められれば、保険対応です。

また、施設の壁がささくれ立っていて、そこでお客様が腕を切ってしまった場合にも、施設側の点検ミスなので、過失になる可能性もあるでしょう。ただ、「室内で起こったことは、すべて保険が使えるのでしょう?」と言われても、すべて受け入れられるわけではありません。

数は決して多くはありませんが、大きなトラブルになりかねないのは、お客様がケガをしたときに、「保険を使えるか・使えないか」です。

保険をしっかりとかけていても、施設側に一切過失がないことが明らかなら、「それは、一切保険適用にはなりません」と最初にお伝えすることが、とても大切です。

10　人にまつわるご意見や会費の未払い

中立な立場をとり、毅然と誠意を持って接する

実際のところ、お客様からのご意見で多いのは、お客様同士のトラブル、そしてお客様

とスタッフ間のトラブルです。

お客様同士のトラブルで施設側が注意しなければならないのは、あくまでも「中立の立場でいること」です。

どちらがいい・悪いといった対応をするのはＮＧです。

双方のお話を聞いたうえで、

「あの人がこんなことをした」

と言われても、

「そういう方もいらっしゃるので」

といった話をする必要があります。もし、

「あの人をやめさせないなら、わたしがやめる」

と言ってきたら、

「やめる・やめないは、お客様ご自身の判断です。わたしたちとしては、お客様が刃物を振り回したり、暴力を振るったりしたわけではなく、規約にも反していないので、やめさせることはできません」

とはっきり伝えるべきです。

また、スタッフとのトラブルについて、たとえばスタッフが挨拶をしない、いつも遊ん

でいる、愛想がない、上の立場の人がいないときの態度がひどいといった声を聞いたとします。そのときは、

「それは社員教育でスタッフには伝えていますので、お客様のお言葉を真摯に受けとめて、○○の対応をさせていただきます」

とお客様にお伝えしましょう。

困るケースの1つに、お客様が忙しくて行けなったから会費を払わない、というものがありますね。この場合は電話をして、絶対にお支払いしていただくようにしましょう。とても面倒ではありますが、とにかく何度でも電話をすることです。そして、ご来館いただくこと。チェックインのときに伝言をするなど、確実にお客様へお伝えできるような方法をとっています。

「利用していなかったんだから、払わなくてもいいでしょう」

とお客様が主張することもありますが、

「ご入会時に規約で確認していただいた通り、前払いになっていますので」

とお伝えしましょう。

毅然とした態度で接すること、誠意を持って接することが、トラブルを防ぐ対応の基本と言えます。

〔図表2〕

いい施設にするために

まずは社員が見本を見せる

↓

スタッフの変化

●お客様の目を見て
挨拶ができるようになった
●声が大きくなった
●自分で考えて
動けるようになった

↓

全員ができるようになれば
いい施設になる

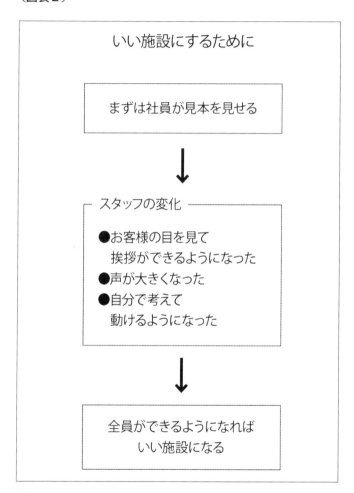

11　スタッフの変化を感じるとき

原点は「山本五十六」

施設運営のなかで、スタッフが変わってきたな…と感じるのは、経営者としてはとてもうれしいことです。

例えば、お客様と一番多く接するのはアルバイトのスタッフなのですが、パッと見て雰囲気が暗ければ、お客様にもその様子が伝わってしまいます。

ですから、見た目の印象や受け答えは、とても大重要です。

まだ入ったばかりでそれほどできてはいなくても、来店されたお客様の目を見てきちんと挨拶ができるようになった、声が大きくなった、見学の方のところへ素早く行けるようになったというふうに、自分で考えて動けるようになってきたら、いい兆しであるととらえています。

スタッフ全員がそういった動きをできるようになれば、かならずいい施設になっていくはずです。

言われないと動かないスタッフがいると、「やらされ感」をまわりのスタッフにも覚えさせてしまい、残念な様子がお客様にも伝わります。

それでは、いつまで経っても変わらないので、まずは社員が見本を見せなければいけません。

まさに、わたしの原点である山本五十六さんの「やってみせ、言って聞かせて、させてみせ、ほめてやらねば、人は動かじ」ですね。

わたしも含め、社員全員がきちんと「やってみせる」ことが必要でしょう。

12　明るい雰囲気が大事

自信がなくなると雰囲気が暗くなりがち

これまでいろいろな施設の立て直しをしてきましたが、「手応え」を感じたこともあれば、その逆のこともありました。

１つ言えるのは、経営状況が悪く雰囲気が暗い施設は立て直しに時間がかかるということです。

いかにもマイナスのオーラが漂っているときは、時間がかかると腹をくくるようにしています。

例えば、立て直しに入って

「こんにちは」

と挨拶をした際に、スタッフみんなが下を向いているようなら、その雰囲気を変えるだけでとても時間がかかるでしょう。

でも、その中に目を見てくれるような人がいる場合、その人にどんどん話しかけていろいろ糸口を探そうとします。

建物が地下にあるといったハード面の改善はなんとかなるのですが、雰囲気自体がよくない場合は、みんなが暗くなっていることが多いものです。

人は勢いがあるとき、眩しいくらいに明るいものです。そういった雰囲気を感じられれば、「絶対にいける」という兆しを感じます。

業績が悪くても、みんなが明るく、むしろ何も考えてないくらいのほうが、一緒に取り組みやすいなと思うことが多いのです。

フィットネスクラブは健康商売であり、暗い雰囲気のところには人は集まらないものです。

もし暗い雰囲気なら、社風や会社の空気から変えていくようにしましょう。

第5章　驚くほど伸びる、正社員・アルバイト別評価法

1　社員、アルバイトの成長をもたらす4つのシート

4つのシートを元に、面談や査定を行う

本章では、アルバイトの面談や社員の評価法、スタッフが驚くほど伸びる秘策についてお話しします。わたしたちのこのやり方によって、実際にアルバイトや社員の大きな成長につながっているので、ぜひ取り入れてみてください。

わたしたちが現場で使用しているシートは、

・スタッフ面談シート
・スタッフ分析シート
・目標管理シート
・人事考課表

の4種類です。スタッフ面談シートは、アルバイトメンバーに対して3カ月に1回面談を行うためのものです。スタッフ分析シートは、社員数人で1人のアルバイトのいい点と、改善したほうがいい点を話し合って書いていくというものです。

上に対象となるスタッフ名を書き、そして「よい点」「改善点」を書いていきます。

〔図表３〕

スタッフ面談シート

スタッフ面談　2022年12月

氏名（●●●子）　　　　　　　　　　　　面談実施日（12/23）

○を記入してください。
1.フロント受付業務での自分自身の達成度は?
　完璧にできる　　　ほぼ完璧にできる
　できるが不安である　　ひとりでは不安である　　できない

○を記入してください。
2.マシン案内（目的別・初期サポート・パーソナル含む）での自分自身の達成度は?
　完璧にできる　　　ほぼ完璧にできる
　できるが不安である　　不安である　　できない

3.スポーツクラブのスタッフとしての自分の勤務は何点ですか?またその理由は?
（詳しく）

（70）点 理由: フロント業務などはできるが、目的や筋膜でのこうけんができていない。

○を記入してください。
4.自分の給料はどこからお金が発生していると思いますか?
　会員様の月会費
　会員様のオプション（酸素カプセルや有料プログラム等）
　パーソナル等の売上、初期サポートや目的別プログラム、筋膜ほぐしの料金
　商品等の売上
　有料スタジオイベントの売上

担当者よりコメント

いつも勤務ありがとうございます。 しっかりと仕事を行う姿勢はとてもすばらしいと思います。 後は社会人になったら、どんどん自分をアピールできるように頑張って下さい。		
昇給　有（　　　円アップ）/ 無（変化なし）	有給残数	

〔図表4〕

目標管理シート フォーマット（右側）

役職：　　　　氏名：　　　　入社年　　年齢：　歳

本人記入日：　　年　　月　　日

中間チェック（実施3ヶ月以内に）	上司確認印	達成度（量・質・期間など達成度合いを具体的に）	上司確認印	評定評価

〔図表5〕

目標管理シート フォーマット（左側）

年度　上　下　期　【目標管理シート】有限会社エモーション

考課期間：　　年　　月～　　年　　月

	業務遂行目標（何を・どうする）	管理点・目標値（いつまでに・どれだけ）	上司確認印	配分
業務目標				／30
方策展開				／30
部下育成				／30
自己啓発				／10
上長より				

〔図表６〕

スタッフ分析シート

スタッフ名（●●）

よい点

●仕事が凄く正確（○○）

●仕事ができる（△△）

●与えられた仕事を責任もって対応しようと工夫できている（▲▲）

●仕事の安定さと今後の方向性（こういう取り組みをしたらよいか）等

自分の意見を持っている（□□）

改善点

●お客様とあまりお話ししない（○○）

●有料の案内を積極的にできない（△△）

●できる能力があるのに発揮できていない（▲▲）

●頑固（ミスは少ないが抜けている所があり、注意をすると言い返してくる）（□□）

目標管理シートは、社員が立てた目標の達成度をチェックするためのシートです。人事考課シートは、評価やお給料の査定を行うためのシートです。

スタッフ面談シートは、毎回内容を変えています。

スタッフ分析シートは、３カ月に1回のスタッフ面談の前に、直接の上長に「よい点」「改善点」を確認し、面談で共有をするためのものです。

2　アルバイトの面談の流れ（事前準備、面談シートへの記入）

「スタッフ面談シート」の使い方

まずは、アルバイトの面談の流れからです。アルバイトの面談は、３カ月に1回、４月、7月、10月、１月に実施します（前月末基準）。

面談に先立ち、名前が書いてあるスタッフに対して、評価者となる社員はどう思っているのか、「スタッフ分析シート」に「よい点」と「改善点」を書いておき、その用紙を持参して面談に臨みます。

そして、「スタッフ面談シート」に、アルバイトが自ら質問に答える形で記載するのです。

たとえば、

・フロントの受付業務での自分の達成度は？
・お客様の名前を知っているだけ書いてください
といった、簡単な質問に答えてもらい、回答をすべて書いてもらったところで、面談を開始します。

スタッフ面談シートをつくる際のポイントは、毎回内容を変えることです。変える基準は、3ヵ月の間に寄せられたお客様の声を参考にすることが多くなっています。

なぜ毎回内容を変えるのかと言うと、同じ問題を出すことで、スタッフがあらかじめ対策をとってくるので、面談の効果が半減してしまうからです。テストをイメージすると、わかりやすいでしょう。

アルバイトの人たちは、毎回何を書かされるのかはわからないので、少し戦々恐々としているかもしれません。

面談は30分ほどで、最初の10分で話をしながら質問に答えてもらい、残りの時間で面談を行っています。

「社長の名前を書いてください」という問題で、まったく書けなかったとしたら、少し悲しいものがありますが、わたしはアルバイトさんとの接点があまりないので、知らない人も多いのかもしれません…。

「スタッフ分析シート」の使い方

面談のなかでは、そのアルバイトが自分をどう思っているか、自分はまわりからどう思われているかを質問し、答えてもらいます。

そこで登場するのが、事前に社員に書いてもらった「スタッフ分析シート」です。

数名の社員が書いた「よい点」と「改善点」を元に、

「あなたはこんなふうに思われているよ、あなたのいいところはこういうところがあるよ」

と、わたしたち側の評価をお伝えしていきます。

なかには自己評価の低いスタッフもいるので、自分で気づかない、認めていない部分が評価されていることを知ることで、新たな気づきを得ることができるのです。

前にもお話ししましたが、なかには顔が「ハッ」と変わり、

「自分は、そんなふうに思ってもらっているんですか？」

と感動している人もいます。

もちろん、ここをこうすればもっとよくなることを伝えるのも、とても重要な目的です。

定期的な面談によって自分を知り、施設のなかでの自分の役割を理解することで、アルバイトの成長につながっていくのではないでしょうか。

3　社員の面談や査定の流れ

社員は期初、期の中間チェック、期末の3回で管理する

アルバイトの面談が3カ月に1回なのに対し、社員は別のフォーマット（目標管理シート）では、半年に1回面談を行っています。

そして、面談で確認した目標の達成状況によって、お給料などの査定を行っているのです。

4～9月の上期、10～翌3月の下期を対象にして、期初に目標設定を行い、期末に目標の達成状況の確認や査定を行います。中間のチェックもあるので、1つの期に3回行う、と考えればいいでしょう。

目標管理シートはA3の書類で、図表4と5の通り左側には定性的、定量的な目標や期限、右側に中間チェックと期末の目標達成度、という構成になっています。

面談では前期の達成度をチェックしてから、当期の目標設定に入っていく形をとってい

るのです。

達成度は、もちろん２０２２年期初に立てた目標に対する結果を自分で書き、それに対して面接官が赤ペンで書き込んで、社員がもう一度書き直して再提出という流れです。目標の設定に関しても、面接官が指摘をして赤ペンをつけて返し、社員が書き直して再提出ということになります。

社員の成長に関わるものなので、チェックはとても細かく行っています。

とくに、達成の有無を確認しにくい曖昧な目標設定は、修正が入ります。

目標管理シートは、言わば社員自身の半年間の絵を目標として描くものです。合計１００点満点で目標を個別に設定し、一番右側の評定評価のところに、自身が割り振った配分に対してどれくらい達成できたかという点数を入れていくのです。

１人ひとりしっかりと書いていくので、それなりの手間はかかりますが、フィットネスクラブの命は「人の成長」なので、必要な手順と言えます。

「人事考課表」による査定

最後は、「人事考課表」による社員の査定です。

「職務遂行のための基準」として、たとえば、

・上司・先輩などからの業務指示・命令を理解して従っているか
・正確なホウレンソウ（報告・連絡・相談）をしているか
・提出物を期限内に提出しているか
といった項目について、5段階の自己採点、上長の採点を行い、すり合わせを行っていくのです。

自己評価と上長の評価の差が大きいときは、「どうしてここはこう思ったの？」と確認します。

こちらがどう見ているかを伝え、そして本人が苦手意識を持っていることなのかを確認するなど、この人事考査の面談でコミュニケーションをとるようにしています。

この基準は普通にできて「3」なので、たとえばここで「1」をつけたときは、なぜ「1」をつけたのか尋ね「本当に自分がやりたいことなのか」を確認するようにしています。

逆に「5」をつける場合は、よほど評価してほしい項目なのかを確認する材料にもなります。そんなときは、「どんなことがあったの？」とこちらもワクワクして聞くようにしています。

点数のつけ方で、自己評価ややる気をチェックすることもできます。

人にとって、得意なこと、苦手なことはさまざまで、報告・連絡・相談が苦手な人もいます。外見ばかり気にする人もいるので、本人の自己評価を見ることも、非常に大切であると言えます。ここで伝えたほうがいいことは、

・会社がどのように思っているか
・前期との比較
・一番下の「目標管理シートの達成度」の自己評価に対する上長評価

といったことです。

とくに、「目標管理シートの達成度」は10段階なので、ここが大きなウエイトを占めています。

普通にできて5点なので、「もし10点をつけるのなら、昇級に値する」という話にもなります。

もし図表４の総合点が50点台なら、１００点満点で考えれば悪いような気もするのですが、普通なら50点なので、普通より少しいいという評価です。

きちんと勤務して、当たり前のことが当たり前にできて50点なので、「それよりもがんばったよね。もっとがんばったら、これだけ査定がよくなるよ、昇給につながるよ」といった話になるでしょう。

アルバイト用のシートとは異なり、この目標管理シートや人事考課表は、ずっと変えて

いません。

4　現在の目標管理シートになった経緯

弊社幹部社員が最初の就職先で教わったことが元になっている

弊社で「目標管理シート」を取り入れて、赤ペンを使いながら綿密に対話をするようになったのは、幹部社員が最初の就職先で教わったことが元になっています。

彼女がまだ新人の頃、同じような目標管理シートをつくって提出したところ、「まったくおもしろくない」と赤ペンで書かれたそうです。

とてもショックだったそうなのですが、その半年後に書いて提出したらまた赤ペンで修正、そしてまた提出しているうちに、だんだんと書けるようになっていきました。

そして、何回目かの上司との面談で「とてもがんばってくれてありがとう！」と言われ、それがとてもうれしかったとのことでした。

「最初はおもしろくなかった目標管理シートだったが、上司との面談やシートを書き、赤ペンを入れてもらうことを繰り返すなかで成長できた」。

自分を育てるために、たくさんの赤字を書いてくれたのだなという体験をしたことで、仕事の仕方が大きく変わったそうです。

そして、「自分が上司になったときには、新人の頃の自分を思い出し、アルバイトや社員に対して同じようなことをしてあげよう」と決意し、その幹部社員の思いが、現在の弊社の目標管理シートにつながっています。

目標設定は「おもしろい」ものをつくらせる

いま思えば、「まったくおもしろくない」というのは、ワクワクしなかったということなのかもしれません。

当たり前のことを書いている、若いならもっと思いきったことを書いてくれといったメッセージだったのではないでしょうか。

もし達成できなくても、それが達成できたらワクワクするが、当たり前のこと、すぐに達成できる目標を書いても、「おもしろくない」と言われてしまうこともあります。

もしわたしが評価をする立場なら、目標が小さくて、あまりチャレンジをしない目標管理シートだったら、たしかにおもしろくないと感じるかもしれません。

大阪の人間は「おもしろくない」と言われるのが一番のショックなのですが、その経験がいまに活きているならとてもいいことでしょう。

もちろん、笑わせることが目的ではありません。仕事で書かされているという意識が、つまらなくさせていた可能性もあります。

それに気づけば、書く内容も変わってくるはずです。

日頃社員が書いているものを見ていると、

「これは多分、苦手に思って書いているな」

といったことはわかります。

自分が書きたいことを書いていないから、おもしろくないのでしょう。

目標管理シートで「自分のしたいことを書く」と言っていたのは、まさにそのことです。

なお、新入社員に「自分で書きたいように書いていいよ」と言ったところ、日本語になっておらず、別の意味でおもしろいものが出てきました。こんなときには、

「そんなん、いらんねん！」

という突っ込みは忘れません。

それはさておき、先ほど紹介した弊社幹部は「会社に感謝されるって、こんなことなんだ」と感じたため、自分でも絶対にやっていこうと思い、部下の目標管理シートへ丁寧に赤ペンを入れています。

あなたの会社でも、ぜひ取り入れてみませんか。

5　面談は複数人体制で行う

1人の評価では偏ってしまう

3カ月に1回のペースで行うアルバイトの面談や評価は、複数人、少なくとも2人体制で行ったほうがいいでしょう。

なぜなら、1人の評価では偏りがあるからです。

人によりますが、相手によって見せる顔が違うことがありますよね。

たとえば、社長や上司の前ではいい振る舞いをするのに、同僚や後輩には別の顔をする人もいるのではないでしょうか。

たとえばあるアルバイトに対して、面接官のA氏は「優しい」と評価していても、面接官のB氏は「その人の意外な面を見たことがある」と評価することがあります。

複数人で評価をすると、いろいろな側面が見えてきます。

ですから、さまざまな立場の人が見たほうが、公正な評価になる可能性が高いのです。

普段の勤務態度や考え方を加味して、複数人の目を通してがんばっているようであれば、時給を上げていきます。

最終的な決定権は、マネジメントをする人たちが持っていたとしても、面談は最低でも2人で行いましょう。

6　会社のためになる活動は、もっとアピールしてもいい

「自己啓発」は「自分をアピールする場」

「目標管理シート」の「自己啓発」という部分は、言わば「自分をアピールする場」ととらえているので、もっと遠慮なく書いてもいいのでは…と思うこともあります。

それは、わたしが以前アドバイザーをしていた大手フィットネスクラブで学んだことがとてもよいと感じたからです。

そのフィットネスクラブでは、会社のなかで行った業務のことと、社外で行った内容を書くことになっていて、それぞれが同じように評価されていたのです。

当時のわたしは、どちらかと言うと、社内より社外の仕事のほうが多く、そして仕事も東京に集中していたので、大阪に住んでいるわたしは「仕方がないか…」となかば諦めていました。

ところが、しばらくすると、社外の仕事でとてもいい評価をいただくようになりました。

それを上長に尋ねたところ、

「それは、あなたが当社のアドバイザーであることを外で告知してくれていることで、宣伝になっているからですよ。肩書きに当社のアドバイザーと書いてあり、セミナーでこれだけの人数を集めている、さすがだねと当社の評価を上げてくれているんです」

と言われたのです。

たとえば弊社では、コンテストを目指して日々筋トレに励んでいる社員がいますが、彼が1位から3位に入賞すれば、弊社に注目が集まります。それは、十分な宣伝効果を生むので、十分な評価対象になるでしょう。

ほかの社員も、フィットネスの協会でセミナーを開催する、と目標に書いていたので、「いつ、どんなセミナーをするか、というところまで書きなさい」と修正を加えさせました。

ただ「やる」とだけしか書いていなければ、絶対に実現しないでしょう。時期などを具体的に書くことで、それに向けた動きが出てくるはずです。

同じ社員で、「外部のビジネスセミナーを受ける」と書いてあったので、承認したうえで、何のセミナーを・いつ受けるかまで書きなさいと言ったのです。

具体的に書いたほうが、自分が何を学んでいるのかがわかるからです。

あとで見直したときに忘れている場合も多いので、書くのであれば知らない人が見ても一瞬でわかるくらい、具体的に書いておくべきです。

そうすることで、面談をするときにどうだったのかを聞くことができるからです。

「目標管理シート」による評価は半年に一度で、そのときの評価でボーナスの査定などを決めています。つまり、「自己啓発」も自分をアピールする場なのです。

副業も、集客につながっていれば会社への貢献

個人的には、もっと書いたらいいのにと思うことも少なくありません。

たとえば副業でイベントなどをしている社員の場合、それが集客につながっているのであれば、自分のアピールポイントになるので、書いたらいいのです。

本人がそのアピールポイントに気づいていない場合もあるので、こちらもできるだけ伝えるようにしています。わたしも前職時代、依頼を受けて登壇したセミナーをすべて目標管理シートに記載するようにしていました。そのことで、いい評価をいただき、アドバイザーとして一番上の級まで到達したのです。

とくに、まだ入社して間もない社員は、書き方がわからないため、何度も書き直してもらうこともありますが、少しずつでもこちらの意図するところを理解し、積極的にアピールしてくれることを願いながら、日々自己啓発に励んでもらいたいと思っています。

第6章　コロナ期でも8割継続！鉄板顧客フォロー術

1　コロナ時期の取り組み

お客様への心を込めたフォローで8割が継続

弊社がある施設の立て直しの依頼をいただいてから、約4年になります。

この間には、2020年からのコロナがありました。

コロナの時期は、フィットネス業界はもちろん大きな打撃を受け、とても厳しい時期でしたよね。

本章では、わたしたちが過酷な時期を乗り越えるために取り組んだことを中心に、お伝えします。

もっとも大変だったのは、閉めることが急に決まった2020年の4月です。コロナの時期、わたしたちも例外なく、店舗を閉鎖しなければいけなくなりました。

緊急事態宣言で全国の学校も休みになり、それまでは開けていてもよかった施設が突然窮地に陥り、全館閉めることになってしまったのです。

仕事がなくなったと言っても過言ではない状態だったので、わたしたちは、コロナが明けたときに備えてお客様を再びお迎えするための方策を考えたのです。

まずお店を閉めている間に行ったのは、館内の掃除でした。

お客様にお店を閉めることになった経緯の説明や、閉館している間の月会費のお返しの対応もありました。前払いでいただいていた分を、お返ししなければならなかったのです。

ほとんどのフィットネスクラブは、「預り金」としてお金をお客様から預かっています。復活したときに相殺する形で対応しているところが多いのですが、わたしたちはいったんお客様全員に返金することにしました。

これは、依頼主であるオーナー様のご意向でした。

「○○様にはいくらお返しします。○日に振り込ませていただきます」

という書面で、DMを作成。その際、スタッフにお客様に一筆書くように指示を出したのです。

何百人というお客様に、

「コロナが明けたらお待ちしています」

「営業再開した際には、ぜひ来てくださいね」

「コロナ禍ですが、体を動かしてくださいね」

と書いて、自分たちの名前を入れて、DMを送りました。

もちろん、すべて手書きです。

返金の文面はすべて同じにしましたが、一番下のところに何でもいいからとひと言書かせて送ったのです。

フィットネスクラブが再開になったとき、なんと8割以上のお客様が戻ってきてくださいました。

まだコロナが怖い、レッスンができない、といった状況で、ただマシンジムが使えるだけのところから再スタートしたのですが、それでも多くのお客様が戻ってくださったのです。

施設の力もあると思うのですが、気に入って戻ってきてくださったのだなという実感がありました。

正直に言うと、預り金の返金をしてお客様が戻ってくるかどうかは、わかりませんでした。わたしが関わる別の施設では、お客様はほとんど戻ってこなかったので、たくさんのお客様に手書きのDMを送るのは本当に大変でしたが、やってよかったなと思っています。

「メッセージをありがとう！」

「あんなふうに書いてくれるとは思わなかった！」

と喜んでくださるお客様はいても、迷惑だというようなものは一切ありませんでした。

〔図表7〕

コロナ時期の取り組み

コロナによる店舗の閉鎖

↓

●館内の掃除・点検
●前払い分の返金対応
（DM送付時に手書きにてひと言添える）
●期限を決めてお客様からの
質問電話対応
●動画配信　など

↓

店舗再開時
8割のお客様が継続

お客様の不安に対応できる体制を敷いたのが功を奏した

いま思えば、みんな何をしていいかわからなかったのですが、考えていたのは再開したときのこと、それだけでした。いつまでこの状態が続くのか、何日休まなければならないのかが見えない状況で、本当に手探りのなか、自分たちができることをしていたという感じです。

再開したときは、久しぶりに働いた、という気持ちになりました。

ただ、コロナ禍で施設自体は閉めていましたが、動画の撮影で集まる機会があったり、お客様からの質問や電話を受けられるようにしていたので、スタッフが全員お休みという状況ではありませんでした。

「何日から何日までの何時から何時までは、電話受付があるので何か困ったことや質問があったらお電話ください」

と連絡をとれるようにしていたので、

「月会費はどうなっているの?」

「ロッカーはどうなっているの?」

といった、お客様が不安に思っていることをお電話で対応することもできたのです。

夜みんなでずっと残り、DMをつくりながら、お客様1件ずつ全員に電話もかけました。

そのときに来てくれるアルバイトも何人かいて、電話をかけるときに何を言っていいかわからず尻込みしているときは、社員みんなでフォローしました。

お客様から「なんで閉めるんだ!!」とお声をいただくこともありましたが、みんなで協力し、あらゆる回線を使って電話をかけていったのがよかったのでしょう。大変なときほど、１件１件丁寧に対応することが大切なのです。

2　動画配信について

オーナー様と話をし動画を配信したところ、好評をいただいた

緊急事態宣言で在宅を余儀なくされた状況のなか、フィットネスクラブとして多くの方に運動をしていただきたいという想いがあったので、動画の配信も行うことにしました。

腕立て伏せの対決をする動画などを何本か撮影し、毎日アップしていたのです。

動画を配信しています、ぜひ見てください、というお知らせもしたので、再生回数が日に日に上がっていき、再開したときに

「腕立て伏せの対決の動画、おもしろかったよ」

などと言っていただけたことは、とても励みになったのを覚えています。

動画の配信は、「すぐにやろう！」ということで、即決でした。

大手企業の場合、何かと手続が必要なので、新しい試みをするときにはどうしても時間がかかることがあります。

でも、とくに中小企業は、「本当にいいことなら、すぐにやろう！」とフットワーク軽く動くことができます。

戻ってきていただくために必要なのは、何と言っても接触回数を増やすことです。

人は何もしなければ優先順位が下がり、忘れられてしまいます。

ですから、観る・観ないにかかわらず、

「みんな元気で、こんなことをやっていますよ」

というご案内をすることは、とても大切です。

エアロビクスやダンス、筋トレといったたくさんの方に観ていただけるような動画を配信すれば、再開したときのお客様との会話につながるな、という狙いがありました。

コロナが出始めてから休館に追い込まれたときに、すでにオンライン配信を行っていたので、YouTubeも抵抗なく、すぐに発信することができました。

事前の準備と即決即断が、功を奏したと言えます。

これも正直に言えば、YouTubeを配信するにあたって、オーナー様が快くＯＫしてくださったおかげです。

動画配信が「どういった効果があるのか」を説明することで快諾していただけました。無駄ではないか、という意見もありましたが、最終的に8割のお客様が戻り、いまに至っているので、結果としてはよかったのでしょう。

3　緊急時の対応について

今後不測の事態が起きても、誠実に対応していくことが大事

コロナ禍は、フィットネスクラブなどの人が集まる場所は危ないという風潮が高まった時期でした。

今後もこういった不測の自体が起こるかもしれないので、まだまだ気を緩めず、いつでも必要な対応をとれるようにしておくべきではないでしょうか。

今回学んだことは、すべての施設で次亜塩素酸水を入れて消毒できるようにしたこと、ランニングマシンなどに1つずつ仕切りを入れて感染防止に努めること、入館時に手を消毒していただいてから施設をご利用いただくことなど、多岐にわたります。

コロナの規制が緩和されてきたなか、今後どんな不測の事態が起こるのかはなかなか想

像できないのですが、たとえば大地震で建物が使えなくなり、閉館を余儀なくされる可能性もゼロではありません。

そんな場合でも、最善の策を考えていく必要があります。

やはり、先々を見据え、誠実に対応していくのが最善策なのではないでしょうか。

4　SNSによる情報発信について

SNSは、集客・認知の拡大など、目的を明確にして取り組もう

近年は、企業もSNSに取り組む必要性が叫ばれていて、フィットネスクラブも例外ではありません。

わたしたちも、今年入った新入社員が、一生懸命SNSでの発信に取り組んでいます。

ただ、施設運営で重要視しているのは、会員数をもっと増やすというよりは、内部充実、つまり内部を充実させて、お客様がやめないお店をつくることです。

SNSでの発信も、それを主眼にしたいと考えています。

一度入会したら、特別な理由がない限りはお客様がやめない施設にすること。これが、わたしの理想であり、それはスタッフたちも同じ想いです。

もちろん、新たに入会してくださるお客様も、とても大切なのですが、一度入った方が長くいてくださることも重視すべきことではないでしょうか。

そう思えれば、掃除もお客様対応もしっかりとできるようになるものです。

立て直しに着手した1年目は、入会希望者をどんどん獲得することに注力しましたが、現在はお客様にキッチリと、丁寧に対応することを大切に考えています。

ですからSNSも、そこから新たな集客を目指すよりは、認知していただく程度でいいのかなと思って発信しています。

「いつかあそこに通いたい」

「いい施設だな」

と思って投稿を見ていただくだけでもいいと思い、日々アップしています。

SNSは、新聞の広告と同じです。新聞で1万部の広告を出したとしても、1人来るか来ないかの世界です。

Facebookも、1日1000人ほどの目に触れて、それを30日続けて、やっと1人申し込みが来るか来ないかです。

むしろ、エンゲージメントを上げていくことや、内部充実をはかることのほうが、SNS発信の効果につながります。

Instagramをフォローしてくださっている方々に、休館日の情報を伝えて、「そうか、Instagramを見てよかった」

と思っていただくことが、非常に大切です。

もちろん、トレーニング機器の紹介を見て、「あのマシンを使ってみたい」と思っていただくことも、大切に考えています。

わたしたちが関わる施設でも、ほかにはなかなかない特殊な機械を置いています。マシンの情報を拡散することで、体験会の参加者を増やすこともおもしろそうではありますね。

ですから、ＳＮＳを担当してくれている新入社員には、「週に数回、何でもいいからＳＮＳに上げて」と伝えています。

投稿に慣れてきたら、もっと意味のあるものを投稿したり、動画を投稿したり、ライブ配信をしていく予定です。

ただ、やはりＳＮＳで新規会員を獲得するよりは、お客様のフォローや認知度のアップが、優先事項です。

ＳＮＳの活用は、これからの時代、避けることはできません。

状況に応じて目的を考えて、積極的に取り組んでいきましょう。

〔図表８〕

主要SNSの特徴

	国内ユーザー数	ユーザー層	特徴
Instagram	約3,300万人	20～40代	●写真や動画の投稿により、視覚的に楽しめる ●日本では男性よりも女性のユーザーが多い
You Tube	約6,500万人	10～60代	●幅広い年齢層が動画を視聴している ●投稿した動画からECサイトやWebサイトなどへ誘導することも可能
Facebook	約2,600万人	30～40代	●実名＋顔写真の登録により、ビジネス利用が多い ●ビジネスページでは企業名・商品名での登録可

（2023年時点）

目的に応じてSNSを選び、
積極的に発信していきましょう

5　これからのフィットネスクラブ

「人」を大切にするフィットネスクラブが生き残る時代

現在、大手のフィットネスクラブが手がける、軽めの運動ができる施設が、勢いを増しています。

それは、軽めの運動では物足りない人を取り込むための戦略でもありますね。

実際、大手の会社が提供する本命のプログラムが2ヵ月で数十万円のところ、派生的な施設では月数千円ほどで24時間使い放題です。

ただ、これからますます増える高齢者が通えるかと言えば、なんとも言えません。スタッフとのコミュニケーションがなく、スマホでなければサービスがわからない場に行くには、ハードルが高いでしょう。

最近、65歳以上の会員が多いフィットネスクラブの支配人さんと、お話しする機会がありました。近所に大手系列の施設ができて、お客様がそちらに移ってしまうかと思ったそうですが、移ったのは若い人だけで、高齢の方々はほとんど行かなかったそうです。

これから求められるのは、高齢者の受け皿になるフィットネスクラブではないでしょうか。

「そこへ行くと誰かがいる、コミュニケーションがとれる」。これからの高齢化社会を考えると、そんなフィットネスクラブが勝ち残っていくのではないかと思うのです。

わたしたちが関わった施設が急な閉館を余儀なくされたとき、メールで終わらず手紙を書き、一筆添える。もしくは、直接電話をしてコミュニケーションをとりました。

ひと手間を惜しまないことで、高齢者にはスタッフの気持ちが伝わるはずです。そして、「あのクラブだったら」と思っていただけるのではないでしょうか。

ＡＩが発達し、話題のChat GTPで資料がつくれるなど、便利な世の中になってきました。たしかに、Chat GTPの機能には驚きを隠せません。

ただ、いくらＡＩで資料がつくれても、人間にしかできないことはたくさんあります。Chat GTPは、こちらから質問をしなければ答えてくれませんが、人間には考える力がありますよね。

これからはますます、人間同士のコミュニケーション、直に触れ合うことがより必要になってくるでしょう。

フィットネスクラブも、「人」を大切にすれば、生き残る道はかならず見えてくるはずです。

おわりに

最後までお読みいただき、ありがとうございました。

早いもので、フィットネス業界に携わってから約40年になります。

長年フィットネス業界に関わってきて感じるのは、女性がフィットネス事業だけで独立するのは容易ではないということです。

そもそもフィットネスに携わる人の年収は、低くて200万円、平均でも300～350万円程度で、一般的なサラリーマンの平均年収と言われている420万円よりも大幅に低いのです。

1000万円まで届く人はほとんどいないと言っても過言ではありません。

経済全体で見ても、フィットネス業界の市場規模はまだまだ小さいと言えます。

そんななか、1億円プレイヤーが数多く誕生したら、夢があると思いませんか?

わたしが車を購入する際、最初は普通の乗用車にしようと思っていたのですが、社長がそれでは夢がないと言われ、10年前に高級外車を購入した経緯があります。

今回の買い替えでは、今度こそ普通の乗用車を…と思っていたのですが、やはり同じ高級外車を購入しました。

わたしがパッと外車を購入したことをＳＮＳで発信したところ、多くの反響をいただきました。

個人的には、自慢げに思われる発信するのはあまり好きではないのですが、「フィットネス業界の人でも、がんばればこんなふうになれるんだ」と希望を持っていただきたいと思い、あえて発信しています。

そもそも、スポーツ選手のセカンドキャリアには難しさがあります。オリンピックで活躍したような選手であれば、その看板を背負ってスポーツクラブの広告塔になり本人も収入を得て、雇用を生むこともできます。それは、とても素晴らしいことです。

ただ、残念ながらそこまでの成績をあげられなかった人の受け皿は、それほど多くはないのが現状と言えるでしょう。

文武両道が理想とは言いつつ、オリンピックやプロを目指してきたようなアスリートの方々は、スポーツ中心の生活を送ってきたはずです。

一心不乱に競技に打ち込んできたことは、その人にとっての紛れもないキャリアです。

本来は、競技の普及や後進の指導で、そのキャリアを活かしていただくのが理想でしょう。

でも、看板になれるのは、ほんのひと握りにすぎません。

大半の人は、スポーツクラブをはじめるにしても、飲食店を開くにしても、一般企業に入社して次のステージでがんばるにしても、ビジネスそのものがわからないなかでスタートします。

よく元スポーツ選手が儲け話に騙されたというニュースを耳にします。本気でスポーツに打ち込んできたからこそ知らないことが多いのは仕方がないことなのですが、一方でとても残念に思うのです。

同時に、何も知らないままに外へ出されてしまうのはとても危険なことなのだなとも感じます。

本来はアスリートも、セカンドキャリアで何をしたいのかを現役時代に考えておかなければいけないのでしょう。

ただ、目の前の試合や大会に集中するあまり、そこまで考えてはいられないのかもしれません。

わたしたち有限会社エモーションの活動は、フィットネス施設の運営をサポートし、クライアント企業様の売上をアップさせるものです。

その一方で、ほかで働くのが難しい元アスリートの受け皿にもなれるのかなという構想も持っています。

たとえば、いままで第一線でがんばってきたアスリート、もしくは大学などで運動にまつわる勉強をしてきたものの、なかなか就職先が見つからない方々、さらに言えばスポーツにまったく関わってこなかった方々も、がんばりたいという気持ちがあれば受け入れてようと思っています。

わたしも含め、フィットネスのトレーナーやインストラクターは、ビジネスとは関係のない世界で生きてきました。

わたしも最初は、アルバイトからスタートし、大手フィットネスクラブの社員になって10年ほど働き、結婚してフリーになったのですが、コロナ前まではスポーツクラブが潰れるなど、夢にも思っていませんでした。

皆さん、一生スポーツクラブで働けると思っていたのではないでしょうか？

ほとんどの人が、定年まで雇ってもらい、お給料をいただけると思っていたはずです。

ところが、コロナでお給料が半分になり、３分の１に減り、どんどん疲弊していく…。

一方で、コロナの前からイベントを行っていたり、コンテストで入賞したりしていた人たちは、一定のファンがいるので、コロナ後のほうが収入は上がったという声を聞きます。

なぜなら、スポーツクラブが閉鎖されている間、イベントを開催すれば人が集まり、一度の開催で数万円ほど手に入れることができるからです。

フィットネスクラブで働くよりも、効率がはるかにいいですよね。

自分が稼げるとわかった人たちのなかには、次は自分のスタジオを持ちたいと考える人も少なくありません。

ただ、問題は集客です。ほとんどの人が、所属していたクラブのお客様を集客しようとしているのです。

それでは、最初のうちは集客ができたとしても、半年後にはほとんど来なくなり、最終的には2割程度しか残りません。

そこが、トップアスリートとの違いでしょう。

そうなると、自分の経営能力に疑問を持ちはじめるのですが、自分から経営を学ぼうと考える人は、とても少ないのです。

スポーツの世界に身を置く人のセカンドキャリアとしてもっとも多いのが、スポーツクラブのインストラクターです。

ただ、スポーツクラブに依存している状態の人がほとんどであり、コロナのようなことが起こると、収入を得る引き出しがなくなってしまうのです。

ですから、どこかの企業と契約し、自分ができるサービスを提供して広げていくというスタンスで、取り組まなくてはいけないのではないでしょうか。

そんな状況を打破して、自分で経営したいと思っている人たち、そして自分で人を雇っていこうと思っている人たちは、ぜひ本書をビジネスのヒントにしてください。

読んでいただくとわかる通り、本書には人が集まるフィットネスクラブのポイントや人材育成方法について、具体的に書きました。

本書を読んでノウハウを知り、実践することでステップアップし、自分自身がもっと輝いて、夢を叶えていただくきっかけになれば、とてもうれしく思います。

三浦　栄紀

著者略歴

三浦　栄紀　（みうら　えいき）

有限会社エモーション代表、公益社団法人日本フィットネス協会参与、一般社団法人美温活リンパストレッチ協会代表理事、武庫川女子大学非常勤講師。

学生時代はハンドボール強豪校の選手として活躍し、卒業後は大手フィットネスクラブで運動指導者の育成に注力。「フィットネス業界の笑いの女王」といわれるほど、ユーモアに溢れる人柄で多くの支持を集める。

会社を退職後、結婚し、２人の子育てをしながらフリーランスの運動指導者として活躍。
40 歳で有限会社エモーションを設立し、フィットネスクラブのコンサルティング、アドバイザー、セミナー講師など、活動の幅を広げる。
コロナ禍で行ったオンライン事業では半年間で約 1270 万円を売り上げ、企業コンサルでは１年で売上を３倍にする。一般人 20 万人への運動指導、２万人の指導者育成といった実績を持つ。

企画・編集協力　星野友絵・牧内大助（silas consulting）
内容協力　村越享子

運動施設 人材育成の教科書

2023年９月25日　初版発行

著　者　三浦　栄紀　© Eiki Miura

発行人　森　　忠順

発行所　株式会社 セルバ出版
〒 113-0034
東京都文京区湯島１丁目 12 番６号 高関ビル５B
☎ 03（5812）1178　　FAX 03（5812）1188
https://seluba.co.jp/

発　売　株式会社 三省堂書店／創英社
〒 101-0051
東京都千代田区神田神保町１丁目１番地
☎ 03（3291）2295　　FAX 03（3292）7687

印刷・製本　株式会社 丸井工文社

Printed in JAPAN
ISBN978-4-86367-845-3